★
★ ★ Le sentiment géographique

Collection dirigée par Christian Giudicelli

Philippe Barthelet
Éric Heitz

Le voyage d'Allemagne

Le sentiment géographique
Gallimard

« Ne serait-ce pas le sentiment géographique, cette évidence confuse que toute rêverie apporte sa terre ? »

(Michel Chaillou, *Le sentiment géographique*, L'Imaginaire, n° 216)

En Allemagne, bien loin…

Christine de Pisan

Une conspiration au Luxembourg

Tout commence par une « agréable anecdote décorative » : le *Guide des statues de Paris* n'a que ces trois mots pour qualifier le *Faune dansant* d'Eugène Louis Lequesne, qui garde les confins orientaux du Luxembourg. C'est vite dit, et bien fait pour les aveugles. La réalité est moins décorative, on s'en doute — sinon moins agréable. (Quant à l'« anecdote », c'est un idiotisme intraduisible de la langue des guides.) Mieux nommé Feu follet, on verra pourquoi, ce faune aux pendouillers exacts est une énigme. (On appelle pendouillers ces brimborions graisseux de part et d'autre du gosier, substitut guttural des cornes et de la barbe, qui trahissent sa nature semi-caprine. Le docteur Littré, qui sait tout nommément, appelle « chèvre mousse » une chèvre qui n'a pas de cornes. Notre Feu follet est un faune mousse.)

*

Énigme donc, et c'est bien le moins là où il se trouve, à l'est de ce Luxembourg aux douze portes qui, selon Strindberg, figure le premier jardin (c'est pourquoi l'Église et les proverbes l'ont appelé diable Vauvert). Cerné d'impatiences et d'autres fleurs blanches et mauves aux noms moins praticables, il danse en foulant une outre de vin. De la main droite, il tient un chalumeau à trois trous relevés et de la gauche, il montre aux passants quelque chose, que ceux-ci prennent en général pour le chemin du kiosque à musique où un orchestre du Wisconsin en chemise rouge s'évertue sur un air à la mode de la dernière libération (un merle indigène au haut d'un marronnier l'accompagne à contretemps). La statue, et c'est tout dire — ou du moins beaucoup — s'élève à l'ombre magnétique de la librairie José Corti (on l'entendra par métaphore : on prétend que ladite librairie n'a plus d'ombre repérable depuis qu'elle a édité *Peter Schlemihl*. À moins qu'elle ne l'ait édité précisément pour donner à son infortune une couverture littéraire). La littérature est un mystère d'évidence qui a besoin de couverture, d'ombre, de faune mousse, de jardins aux douze portes et de librairie toujours ensoleillée. Le faune nous indiquait, au-delà de la gare de l'Est, le chemin de l'Allemagne — entre autres choses. À nous d'y aller voir — l'Allemagne, et les autres choses.

Napperons fribourgeois

À Fribourg, vieille ville autrichienne, l'auberge *Zum deutschen Adler* accueille les voyageurs avec une circonspection de vieux style. Toutes les tables nous attendaient, du moins toutes celles garnies d'un napperon à fronces. (C'est semble-t-il l'une des enseignes du tourisme en Allemagne, où le commerce ne se départ qu'à regret de l'intimité, laquelle lui conserve cet air d'application gauche bien fait pour laisser coi un Welsche [1].) Toutes les tables, donc, nous étaient ouvertes ; à l'exception du *Stammtisch*, le coin des habitués où par droit héréditaire et sans napperon superflu, on tape gravement le carton sous l'œil arbitral de l'aubergiste.

Celle-ci — car c'est une dame — se distrait ponctuellement de sa charge pour nous servir ; mais le service nous est gradué à merveille, avec une précision toute saint-simonesque, où l'on rend ce que l'on croit devoir à notre mine et à notre accent — pas un sourire de plus. (D'ailleurs ce genre de sourire ne s'accorderait pas avec les napperons. Et puis a-t-on jamais vu l'aigle allemande sourire, même dans une auberge ?) Enfin, la part faite aux nécessités, c'est-à-dire aux contingences, de l'hospitalité publique, notre hôtesse de s'en retourner siéger et reprendre le gouvernement des cartes. Le cœur nous manque pour l'importuner une seconde fois, à la manière de ces voyageurs novices qui s'arrogent du fait de ce noviciat un droit divin de curiosité tous azimuts. Au reste, que demander à une aubergiste d'une aussi sévère dignité ? Où habitait Heidegger ? Où, Chestov ? Si l'on a eu des nouvelles de François Rousseau dont se perd ici la trace, « poliçon » qui « avait pris le train du libertinage »

1. On appelle Welsche, en pays tudesque, tout ce qui est le contraire de germanique — au premier chef les Français (à l'exception des Alsaciens et peut-être de quelques Lorrains).

selon ce cafard de Jean-Jacques, son frère cadet (« et voilà comment je suis demeuré fils unique ») — on comprend que l'autre ait déguerpi ? Ou si l'on rencontre encore par la ville des sergents recruteurs de Sa Majesté impériale & royale auprès de qui s'enrôler, comme les bons à rien du *Hêtre aux juifs* d'Annette von Droste-Hülshoff, pour aller en découdre avec les Turcs (et en reprendre là-bas pour vingt-huit ans d'esclavage) ? Il y a des choses que décidément les napperons interdisent. Nous repartirons donc, sans rien savoir.

Le forgeron de Bâle

À Bâle, à quelques pas derrière le musée d'Art moderne, un forgeron noir lève et abaisse lentement son marteau. Il a dix mètres ou plus, on dirait un de ces pantins articulés d'autrefois, fait de plaquettes sans épaisseur. C'est le nouveau seigneur du lieu : il n'a pas de nom, comme il se doit par les temps qui courent — un simple numéro marqué à la cheville.

On ne sait si Ernst Jünger, qui fréquente assidûment chaque automne la Bourse aux coléoptères de Bâle, a rencontré le forgeron. C'est l'effigie du Travailleur, une effigie qui ne peut pas se séparer de sa caricature — on verra peut-être dans cette inévitable confusion des genres un trait spécifique à l'art des Titans, s'il est encore permis de parler d'art à leur propos.

L'art était sans doute une affaire humaine ; l'*art moderne,* qui lui a succédé, a un autre dessein que celui d'apprivoiser les formes. Ses œuvres ne cessent d'être leur propre parodie : c'est même là, ce procès qu'il ne cesse d'instruire contre lui-même, son signe distinctif. Le Forgeron aux lentes saccades indéfiniment recommencées est le parfait emblème d'un monde sans repos ni pardon, d'où sont exclus à la fois les dieux et les hommes. Les Titans ne connaissent que leur puissance matérielle comme ivresse ou religion, ils refont le monde qui avait été fait sans eux, en lui faisant expier, sans doute, d'avoir été fait sans eux. Ils ont tout perdu, le rire et les larmes, la peine et l'ironie, le sourire et le nonchaloir. Tout se ramène pour eux à un sérieux définitif, à la suprême tragédie, sans théâtre ni spectateur, d'un tragique qui ne peut plus se connaître, quelles que soient ses ordinaires grimaces et convulsions. Les Titans, que Nietzsche nous pardonne, pensent ordinairement à coups de marteau; mais ils pensent tout de même, et le Forgeron n'est pas à Bâle par hasard. Le contraste n'est en effet qu'en apparence, avec cette ville tellement *zünftig* — le mot veut dire à la fois «corporatif» et «comme il faut».

Le dimanche après-midi, on savait depuis Nimier qu'il ne se passe jamais rien; on sait ici qu'il ne s'est jamais rien passé. Les maisons, dont même les plus anciennes ne se souviennent d'aucun bombardement, alignent leurs façades restaurées de frais, et les oriflammes de tous les cantons — crosses d'évêque diversement tournées, ours de sable, bélier saillant, lion au naturel, étoiles et clefs de toutes sortes — enjolivent d'héraldique la plus *neutre* des réalités. L'Histoire est mise en réserve comme la nature, les oriflammes et les blasons valent les bouquetins et les edelweiss — le tourisme est l'ultime pédagogie. À défaut des hommes, les pierres ici ne crient pas, elles n'ont d'ailleurs rien à dire, elles sont bien élevées. Le Rhin, encore dans sa jeunesse, est le *cloaca maxima* du Nibelung, qui paiera ce qu'il faut, le cas échéant, aux associations de pêcheurs à la ligne. Les joailliers précisent à leur porte qu'ils ne vendent pas de montres jetables, les affiches proclament que le chou-fleur est inséparable du gratin, les petits trams ralentissent dans un grand silence vide pour laisser passer les piétons ; le Forgeron forge. Tout va très bien.

Un fantôme

« Les routes des plaines souabes », on les prenait volontiers en France sous le Directoire et le Consulat. On poussa même deux fois jusqu'à Biberach, à moins de cinq ans d'intervalle : Rhin-et-Danube, déjà, version Ney et Moreau ; Moreau surtout, le 1er octobre 1796 puis de nouveau le 9 mai 1800, les Autrichiens étant longs à comprendre (il leur faudra encore Hohenlinden) que l'Histoire ne les regardait plus. Un professeur-docteur indigène qui se flattait d'avoir lu l'histoire de son chef-lieu nous avait assuré qu'il existait dans une clairière où l'on s'était battu un monument aux Français et à leur chef ; il précisa même qu'on le fleurissait toujours. Jünger, consulté en voisin, ne voyait rien de tel dans ses parages. Il nous renvoya à Paris, à l'Arc de triomphe où se trouve gravé le nom de Biberach — côté Grande-Armée, mais tout de même. Contre toute attente, le nom de Moreau y figure aussi : on se prend à douter s'il s'agit bien du même, de ce Jean Victor dont le souvenir traverse comme un reproche l'histoire militaire du premier Empire.

Le second renchérit contre le fantôme : il fait nicher dans le mur du Louvre toutes les gloires du cortège de l'oncle, jusqu'aux plus ténues, sauf Moreau, qui devra se contenter du monument que le czar lui commanda en Bohême : *Ici Moreau, le héros, est tombé près d'Alexandre.* Le mausolée contient ses jambes, arrachées par un boulet français ; le reste du corps est à Saint-Pétersbourg.

Les auteurs de notices trouveront des destinées plus cohérentes et, dans sa génération, de plus brillants déroulements de carrière. Moreau est cette étoile de première grandeur qui refusa de se laisser éclipser par le soleil d'Austerlitz ; d'ailleurs Hohenlinden, dont Bonaparte consul lui rendit hommage comme un apprenti à un maître, il la remporte un 3 décembre ; c'était beaucoup dire et déjà beaucoup offusquer. On pourrait toutefois imaginer Moreau maréchal et prince d'Empire, rentré dans le rang et les chamarrures, comme Jourdan, lequel écorna sa gloire à Stockach, à une demi-lieue du lac de Constance, en mars 1799 ; sa défaite en Souabe marqua le début de ses honneurs à Paris et c'est précisément Moreau, l'année suivante, qui retrouva les Autrichiens au même endroit — pour les vaincre.

À Paris, il était de trop : on fêtait Moreau le vainqueur d'Allemagne comme Bonaparte, celui d'Italie ; après sa victoire de Hohenlinden — l'archiduc attiré dans la forêt, ses troupes hachées menu sous la neige en tempête et la route de Vienne ouverte du même coup —, il ne manquait que l'offre du pouvoir suprême. Elle vint ; il la dédaigna, et laissa faire le 18 brumaire par un autre, dont il tourna les égards en dérision.

La reconnaissance qu'il n'a pas voulue de l'Histoire, il la recevrait des écrivains, plus secrète. C'est d'abord Custine, que les hasards mondains avaient failli faire son gendre, qui découvre en 1826, en prenant les eaux à Marienbad, le mausolée construit par le czar. La France onze ans après Waterloo ne veut plus savoir de l'Empire que sa légende dorée, à quoi s'activent beaucoup de porte-plumes. Un de leurs plus tonitruants poulets ose s'intituler *Le Fils de l'Homme* ; c'est à lui que répond Custine par une *Ode sur le tombeau de Moreau.* C'était pour le moins galoper à contresens, et se préparer un cas embarrassant. Il écrit dans sa préface : « Je n'ai voulu que jeter un coup d'œil sur les tendances de la littérature en France à propos du silence dont notre siècle poursuit la mémoire d'un grand homme, ou du moins d'un grand capitaine... J'ai horreur de ce qui fausse l'esprit, et je me ferais tuer pour le bon sens, si j'étais sûr qu'il me survécût. » M. le marquis de Custine, on le voit, était un homme d'honneur qui se voulait homme de lettres : les confrères crieront au cumul.

Un fantôme (suite)

« Le silence dont notre siècle poursuit la mémoire d'un grand homme », un autre écrivain s'en inquiéta : Klabund, nom étrange sans prénom, mort comme tout le monde en 1928 à Davos de la tuberculose, à trente-huit ans. « Poète expressionniste » — ou « impressionniste », selon — voire « sinologue » (alors Brecht en est un autre), les dictionnaires qui aiment les étiquettes lui accordent ce « roman », *Moreau*, qui est davantage une vision racontée à voix haute, assez fort pour apprivoiser ce qui se montre ou se devine. Jünger interrogé est évasif : le « bureau de renseignements sur le siècle », et consulté comme tel, qu'il se dit être, mêle Klabund à d'autres noms, Stadler, Schickele — qu'il cite de loin, autre ciel et autres étoiles. Klabund rêve à l'absence de Moreau après brumaire : Paris est à ses pieds, on invente des meubles, des vêtements, des savonnettes *à la Moreau*. Bonaparte Premier consul lui rend hommage ; il lui envoie aussitôt créée le grand cordon de sa Légion d'honneur — Moreau en décore sa chienne Fraternité. Lui et l'autre se sont compris : il ne cherche pas à s'opposer, il veut davantage, ou plutôt rien, un *rien* qu'il faut pourtant traduire en termes politiques pour la bonne règle de l'Histoire.

D'où machination, conjuration, exil. D'où l'Amérique, la guerre faite aux Indiens et l'empoisonnement de leurs fleuves. Revenir, parce qu'un czar prétend vous couvrir d'or et de louanges, se mêler aux Pichegru et autres vieux sabreurs de l'an II devenus talons rouges et soutiens d'un trône évanescent, désormais rêverie à la Walter Scott pour un prétendant trop parfait aux mains trop blanches ? Le royaume de France, quand Moreau l'avait dans sa main il aurait dû l'offrir à Christophe le petit tambour, qui avait su non pas le comprendre, vocabulaire de prêtre ou de professeur, mais alléger un peu le monde qu'il portait — fifre et alouette et premier soleil. Que si Novalis a raison, et qu'« on est seul avec tout ce qu'on aime », l'amour n'est qu'un autre nom de la solitude, son degré le plus parfait. Il est revenu en Europe, maintenant, « le traître Moreau », pour conseiller à Dresde les

Autrichiens de Biberach, Stockach et Hohenlinden. L'autre fit de sa mort une proclamation, un boulet français l'avait tué mais non son fantôme, que les vieux soldats verront à cheval traverser les lignes de bataille.

*

La veuve de Moreau reçut du czar une pension de 30 000 roubles et, de la monarchie restaurée, le titre de « madame la maréchale » : « une des singularités les plus honorables du règne de Louis XVIII », selon Custine. Le roi, qu'on disait poète rentré et disciple de Sterne, donnait au transfuge un bâton fantôme : discrétion parfaite d'un geste qui ne fausse rien, et soustrait la légende au jugement des hommes.

Visite à Wilflingen

Le paysage est aux couleurs des Stauffenberg : *d'azur à deux chevrons d'argent,* que répètent tous les contrevents du château. Leurs lions sont aussi partout dans le village, et jusqu'à l'enseigne de l'unique auberge. Ils timbrent encore la porte d'entrée de la Grande Foresterie, où depuis le milieu du siècle vit Ernst Jünger. Bientôt cinquante ans que l'auteur des *Falaises de marbre* est ici l'hôte du Grand Forestier… Maison forte, aux murs et à la charpente défiant le temps et l'incendie, construite pour abriter des chartes et des trésors…

*

Dimanche matin, effervescence agricole : les alentours du village sont proprement labourés. Un tracteur descend devant nous la Stauffenbergstraße, entre le château et la Grande Foresterie. Les femmes balaient devant leurs portes (on les verrait presque balayer les champs). «Paysans du dimanche», comme les appelle Jünger, qui toute la semaine travaillent à la ville et cultivent la terre à leurs heures. «Ils ne vendraient pour rien au monde.» Il n'y a pas d'usine à Wilflingen, pas de gare ni de poste ; on vient de fermer l'école. (À Julien Gracq qui l'interrogeait sur le choix de ce village, Jünger aurait répondu : «C'est le lieu d'Allemagne le plus éloigné de toute gare...»)

Passe la camionnette du boucher, escortée à vive allure par la chienne du château, un timide braque de Weimar gris souris aux yeux jaunes. Nous gravissons le perron de la Grande Foresterie, à peine avons-nous le temps de sonner que la porte s'ouvre : nous étions repérés. Les salutations et compliments échangés, Mme Jünger nous précède à l'étage des bibliothèques, où son mari nous attend. Aussitôt la visite commence : Jünger nous montre tout d'abord sur la lourde porte de chêne les traces plus claires des scellés apposés par la Gestapo après l'attentat contre Hitler du 20 juillet 1944. À droite de l'entrée, les rayons des philosophes, surplombés par le portrait de Schelling ; en face, l'appui de la première fenêtre transformé en petit autel domestique, où d'innombrables portraits de contemporains, célèbres ou inconnus, sont serrés entre une orchidée et un bougeoir.

— C'est le coin des amis morts... Voici par exemple Carl Schmitt, le vieux Stauffenberg, Ernst von Salomon, Gerhard Nebel, Joseph Breitbach, Martin von Katte,

Heidegger, Sieburg, beaucoup d'autres... Et aussi le légionnaire Benoît, de Mulhouse, qui était avec moi dans la Légion étrangère : nous nous sommes revus ici après la Seconde Guerre. Maintenant il est mort, lui aussi...

Le cabinet de Jünger ressemble plus à celui de Jules — de *Jules et Jim* — qu'à l'antre du docteur Faust. De place en place, d'énormes paniers sont remplis de coquillages, de pierres, d'éclats de météorites, ce que Jünger appelle ses « accumulateurs de substance magique ». Les fenêtres donnent sur le portail du château, gardé par deux énormes tilleuls :

— Ils me dérobent la vue six mois par an.

Sous une gravure de Callot, *La Tentation de saint Antoine*, et un parchemin de neumes, le rang serré de la première édition des *Causes célèbres & intéressantes* de Pitaval, dont Hoffmann lui aussi faisait grand cas. Enfin les œuvres du baron Cuvier rappellent les droits d'une science qui ne se définit pas comme l'antagoniste de la poésie.

*

Jünger installe ses hôtes autour de la table basse en marbre vert ; il joue, non sans malice, son double rôle de grand homme et de conservateur du grand homme.

— À votre place s'est assis M. Borges quand il m'a rendu visite ; ici M. Kohl — et M. González — et M. Mitterrand vis-à-vis de vous.

Jünger rit comme un lion... Il y a dans son regard autant de distance que d'amusement, ce regard « impitoyablement doux » dont parlait son ami André Germain. (Son dernier visiteur officiel, le Premier ministre espagnol,

Felipe González, lui a demandé s'il aimait les courses de taureaux : « Si j'étais taureau, lui a reparti Jünger, pour sûr que j'aimerais mourir dans l'arène. » Enthousiasme du Premier ministre, qui invite Jünger à la prochaine corrida madrilène.)

Mme Jünger apporte le champagne et les tortillons salés. (On pense malgré soi aux vers de Ponchon :

Est-ce que jamais dans ta cave
Entra du champagne allemand ?!!

et l'on chasse vite de son esprit la rime désobligeante.)

Jünger nous fait face. Derrière lui, un haut poêle de faïence couvert de murex, des abat-jour garnis de vieilles cartes en parchemin et le rayon des classiques allemands. Des livres encore sur un fauteuil à haut dossier, dont la tapisserie représente un oiseau de paradis. Les livres étrangers, en langue originale et en traduction, occupent la cloison perpendiculaire. On repère au vol *Moby Dick,* Poe, T. S. Eliot, Henry Miller, Barrès et Casanova, Drieu et Camus, et Malraux : *Les voix du silence.*

— J'ai lu avec beaucoup d'intérêt ses romans d'avant-guerre, comme *La condition humaine*…

(Quand Malraux alla au Japon, en 1976, invité par quelque institution culturelle, ses hôtes, à son départ, lui demandèrent quel autre écrivain d'Occident ils pourraient inviter après lui. Il répondit sans hésiter : « Ernst Jünger. »)

Jünger nous montre la rangée des Pléiade et Saint-Simon, qu'il se flatte d'avoir lu très attentivement d'un bout à l'autre :

— Il y a deux collections de ses *Mémoires* au village :

l'autre est dans la bibliothèque du château. J'aime beaucoup Saint-Simon — un goût que, de son propre aveu, ne partage pas M. Mitterrand. Il m'intéresse surtout par le tableau qu'il fait de Versailles. La cour de France est une grande chose humaine à étudier ; de même que la marine anglaise, l'armée prussienne ou la Compagnie de Jésus. On dirait qu'à travers elles l'Histoire s'est cristallisée en formes presque parfaites où se condense un trésor d'enseignements...

*

Les amis français de ce siècle sont ailleurs, dans la pièce aux « beaux livres » de l'autre côté de l'escalier. Une vitrine y renferme des volumes dédicacés de Paulhan, de Montherlant — *Mors et Vita,* « au soldat Ernst Jünger », de Cocteau — deux livres, dont l'un a pour dédicace un profil de temple grec dessiné sans lever le crayon ; et puis encore Yourcenar, Colette — « C'était pendant la guerre, elle avait besoin de moi pour une amie » ; le *Lucien Guitry* de Sacha, somptueusement relié et placé sous le signe de « leur commune admiration pour Octave Mirbeau et Léon Bloy » — « C'est un livre précieux », commente Jünger en le renfonçant sauvagement dans son emboîtage. Plus loin Jules Roy, des livres et un portrait (« Au très grand, au très cher Ernst Jünger, qui a tant aimé et disséqué les fleurs et les insectes, plus rarement les hommes, sauf à la guerre »), et les œuvres complètes de Julien Gracq, jusqu'au *Béatrix* de Balzac en édition de poche dont Gracq a écrit la préface. (« C'est lui qui, après la mort de mon cher Marcel Jouhandeau, écrit la meilleure prose française », *Soixante-dix s'efface.*) La télévision, que son éditeur a fait installer pendant que Jünger était en voyage, est là, enkystée dans les livres d'art et les albums, et se remarque à peine.

Un peu partout, les bustes, «les têtes», dit Jünger, qui prend la pose en riant, une main sur l'une d'elles. Six en tout, pour la plupart dans l'*Archiv*, où elles veillent sur la collection des œuvres complètes, les traductions et les douze volumes reliés d'*Antaios*, la revue qu'il dirigea avec Mircea Eliade. Le dernier buste a été sculpté par Serge Mangin durant l'été 1990. Jünger s'arrête devant celui que fit Arno Breker :

— Breker était poursuivi ; je suis du côté des poursuivis…

(Qu'on se le dise ; sa tranquillité d'artagnesque énonçant cela entre deux rires.)

C'est lui qui en mars 1991 nous apprendra la mort de Breker, dont on avait à peine soufflé mot en France.

*

Les murs de l'*Archiv* sont occupés du sol au plafond par les casiers à correspondance.

— Une dame vient chaque semaine alphabétiser le courrier (*sic*).

Tout un siècle ou presque s'est donné rendez-vous dans ces casiers : Heidegger, Carl Schmitt, Brecht, Salomon, Benn, Kubin, Borges, Raymond Aron, Moravia, Jouhandeau, et la foule immense des inconnus.

— On doit même y trouver une ou deux lettres de Hitler…

Les spécialistes auront ici de quoi s'occuper un bon siècle de plus…

Un dessin au mur : *Rencontre au port,* par l'auteur des paroles de *Lili Marleen* et, non loin de là, le portrait du maître de céans par Horst Janssen, l'illustrateur de *Sauts de temps* :

— Janssen l'a fait en un quart d'heure, alors que nous étions ensemble. Puis il a dit à ma femme : je vous le dédie, car il ne plaira pas à Jünger qui le trouvera un peu trop romantique, un peu trop Adalbert Stifter...

D'une méprise

Une romancière caucasienne d'expression française a voulu faire de Jünger un « personnage hoffmannesque », au seul motif qu'elle l'aurait entendu marcher, chanter (toujours faux), parler à voix haute — et seul — et même, seul toujours, « pousser d'étranges clameurs », ce qui au début lui fit « un effet bizarre, un peu inquiétant : mais je savais qu'il s'agissait de Jünger et qu'il n'avait rien d'un fou[1] ». Nous voilà rassurés.

Jünger n'a simplement rien à voir avec le monde d'Hoffmann. Il ne suffit pas de chanter faux, ni même d'être accoutré comme la poupée du diable — ce qui d'ailleurs n'est jamais le cas de Jünger, presque toujours d'une élégance très sobre et très française —, ni de parler tout seul, pour être « hoffmannesque ». Il ne suffit pas non plus de s'en tenir sur Hoffmann au point de vue d'Offenbach.

1. Banine, *Portrait d'Ernst Jünger* (La Table ronde, 1971).

Les « personnages hoffmannesques » d'Hoffmann, si l'on essaie de comprendre ce que veut dire le lieu commun, se répartissent en hypocondres, en grotesques et en vespertilions. De la première sorte est le conseiller Crespel, mais on voit mal Jünger acheter des violons pour les mettre en pièces; quant à l'étudiant Pepusch, de *Maître Puce,* l'idée fixe de sa passion contrariée lui fait appeler « vin de choix » un nierstein dont il se réconforte à l'auberge. Un amateur aussi avisé que Jünger n'oserait jamais appeler « vin » ce jus de betterave tudesque tout juste bon à émoustiller de vieilles romancières anglaises. Pepusch est, il est vrai, un génie végétal fort maladroit dans son humanité d'emprunt. Par là, c'est-à-dire par Linné, il se rapproche en effet de Jünger et sous sa forme propre, celle du *Cactus grandiflorus L.,* il peut tenir sa place à Wilflingen, devant la Grande Foresterie. Quant aux deux plus sinistres hypocondres suscités par Hoffmann, les étudiants kantiens du prologue de *Saint-Sérapion* qui, se retrouvant par hasard vingt ans après qu'ils se sont perdus de vue, reprennent leur dispute au point précis où ils l'avaient laissée, ils sont aussi peu « hoffmannesques » que possible, et d'ailleurs aussi peu quoi que ce soit d'autre, en dehors de toute réalité et par là de toute poésie.

La race des grotesques n'offre guère non plus, chez Hoffmann, de point de comparaison avec Jünger : s'ils sautent en l'air en criant comme l'intendant de *La Maison déserte,* ou bien en chantant des chansons discordantes dans une langue inconnue comme les bateleurs de *Maître Puce,* qui sont de mauvais génies déguisés, c'est qu'ils sont le plus souvent hors d'eux-mêmes et que les rires stridents ou les spasmes convulsifs constituent leur langage habituel. Chez Hoffmann le grotesque n'est jamais sans conséquence. Les fous, s'il faut parler de folie, sont les avant-courriers de l'enfer comme ce Solfaterra, épouvantail matamore et peintre raté, rival de Dürer qu'il revient hanter aux jours de son triomphe. Hoffmann décrit Dürer affaibli, souffrant et comme paralysé par cette présence hostile à quelques maisons de lui ; le conte, interrompu par la mort d'Hoffmann, s'arrête sur le malaise de l'artiste devant cette remontée des ténèbres.

Les grotesques annoncent donc les démons : l'égorgeur d'enfants Ignaz Denner ou le Coppelius de *L'Homme au sable,* qui a tant fasciné le fondateur de la psychanalyse, cherchant dans ces parages de quoi illustrer son « inquiétante étrangeté de l'être ».

Le personnage hoffmannesque par excellence, qui récapitule jusqu'à la caricature tous ces traits de l'hypocondrie à la possession, c'est Hitler, chez qui l'on observe, comme chez nombre des siens, cette parfaite jointure entre le grotesque et le satanique. Le portrait de raté médiumnique que fait de lui Rauschning, en épilogue à leurs conversations [1], aurait donné à Hoffmann, s'il ne l'eût pas dégoûté, motif à une belle eau-forte. Il est vrai que l'un de ses contes, *Le Petit Zachée, surnommé Cinabre,* peut se lire comme un raccourci prophétique de l'histoire du IIIe Reich : un gnome infernal, qui tient tout un pays sous le charme, est regardé par tous comme un héros des temps anciens — par tous, à l'exception d'un poète.

1. Hermann Rauschning, *Hitler m'a dit* (Société d'édition, 1939).

Les siens, qui sont morts, ont leur portrait suspendu à l'écart, dans l'*Archiv* ; ils n'ont pas besoin des honneurs officiels du « coin des amis », à l'entrée de la bibliothèque. Jünger désigne en passant son père, ses frères et sœur, un oncle « tombé devant Metz en 1870 », un officier de la Seconde Guerre, le frère de Perpetua, mort au combat lui aussi, « … et Ernstel ». « Ce sont presque tous des tombés… » La maladresse du français retrouve ici le terme propre : l'*Edda* appelle « tombés », en effet, les guerriers morts les armes à la main, ceux que les Walkyries prennent en croupe et conduisent au Walhalla.

— J'ai beaucoup aimé la guerre, quand on voyait encore son adversaire ; aujourd'hui c'est fini, les guerres de maintenant rappellent plutôt de grandes catastrophes techniques, dont il faut espérer qu'elles ne surviendront pas… Ce ne sont plus des guerres, ce sont des *actes de travail* qui ne m'intéressent pas du tout. Le guerrier dans son individualité y est entièrement rejeté au second plan ; les fauteurs de désastres sont les cervelles techniques — tandis que le soldat, dans l'ancienne acception du mot, ne joue plus aucun rôle. La transition s'est faite durant la Première Guerre mondiale : on y connaît encore le nom d'aviateurs fameux. Avec la Seconde, les individualités s'évanouissent.

(Au mur de la bibliothèque, le portrait de Manfred von Richthofen, son camarade dans l'ordre Pour le Mérite. Jules Roy : « Vous avez vu ? Il vit avec Richthofen… »)

— Durant la Seconde Guerre mondiale j'ai été aussi sur le front russe, près de Stalingrad. Stülpnagel m'avait dit : « Celui qui a écrit *Le Travailleur* doit voir ce qui se passe là-bas. » À Paris, je logeais dans un hôtel renommé, le *Raphaël* : pourtant je m'y suis senti beaucoup moins en sûreté qu'au front durant la Première Guerre. Il y a une grande différence entre la guerre nationale et la guerre civile : j'ai l'impression que la Seconde Guerre mondiale était déjà une guerre civile à l'échelle planétaire. Et là, la menace est beaucoup plus grande que lorsqu'on risque simplement d'être tué par un coup de feu : la mort est plus désagréable et aussi plus sale que sur le champ de bataille. Quand au printemps 1940 je marchais sur Laon à la tête de ma compagnie, j'étais moins préoccupé par les canons qu'on entendait au loin que par un article hostile qui venait de paraître dans un obscur journal. Ce sont là deux choses bien différentes…

— Désormais l'adversaire se dérobe ; le vrai héros des guerres mondiales est le soldat inconnu. La domination des Titans, dont vous parlez, ne suppose-t-elle pas l'anonymat ?

— Cet anonymat est impliqué dans la figure du Travailleur, qui est en effet le premier Titan à apparaître sur la scène de notre temps. « Figure », le mot ne me satisfait pas, mais le français n'a pas d'équivalent exact pour *Gestalt,* un mot que Goethe affectionnait et qu'il a employé dans sa controverse avec Schiller au sujet de la plante originelle. Pour Schiller c'était là une idée, tandis que pour Goethe c'était *eine Gestalt*, une « figure ». La figure du Travailleur, telle que j'ai tenté de la décrire, n'a rien à voir avec les questions proprement économiques, techniques ou nationales. C'est un phénomène surgi de notre tréfonds dont la technique est l'habillement; la technique est à la fois sa langue et son uniforme, une langue universelle qui relègue les nations à l'arrière-plan. Nous sommes aujourd'hui enveloppés par tout un réseau d'ondes, d'images et d'idées qui ne tiennent aucun compte des frontières...

«Cette figure du Travailleur dont je parle est aussi tout autre chose que la conception économique de Marx, qui a connu semble-t-il un grand naufrage... (Il est d'ailleurs assez remarquable qu'il ait fallu soixante-dix ans pour qu'on s'aperçoive enfin de sa véritable nature...)

— Le règne des Titans est par excellence celui de la parodie : le rôle de la technique n'est-il pas d'être l'instrument privilégié de cette parodie de l'âge d'or qu'on nous promet?

— Naturellement; l'âge de fer est passé, commence l'âge des radiations. Les Titans sont les ennemis des dieux, ils les imitent à leur manière, ils les annoncent aussi. Le monde titanique est un monde intermédiaire entre l'élémentaire et le divin, un monde à la recherche de sa forme, dont la puissance formidable n'a pas encore trouvé sa destination. J'ai postulé dans *La Paix* que le Travailleur n'avait pas encore atteint son accomplissement métaphysique : saura-t-il domestiquer les forces gigantesques qu'il a fait jaillir, et dépasser la technique pour devenir poète et théologien? C'est toute la question. En attendant, c'est évidemment l'aspect négatif de sa puissance qui est le plus frappant. Mon frère Friedrich Georg a traité de tout cela dans *Die Perfektion der Technik.*

— Peut-on dire que le «dernier homme» tel que Nietzsche l'a annoncé est une anticipation du monde des Titans?

— Mieux que Nietzsche lui-même, et plus précisément, c'est Huxley qui a décrit le dernier homme et son destin dans *Le meilleur des mondes* : l'avènement des «fourmis d'espèce colossale» qu'il prédisait est déjà en grande partie chose faite. Mais, pour moi, ce «dernier homme» est en fait l'avant-dernier : le véritable dernier homme serait un pur fantôme... Quant au surhomme, il pourrait représenter une évolution biologique de notre espèce. Qui sait, au prochain siècle qui verra le triomphe des Titans, peut-être aura-t-on des yeux derrière la tête, ou même tout un diadème d'yeux? Peut-être fabriquera-t-on génétiquement des centaures, tels que n'aurait pu les imaginer Maurice de Guérin?

(L'imperceptible malice jüngerienne, toute dans l'œil.)

— Chaque siècle a sa préparation : le XXe apparaît en filigrane dans le XIXe, non seulement avec la Révolution française, mais avec les classiques allemands, français et russes comme Schiller, Goethe, Dostoïevski... Le siècle s'est ensuite déroulé sous la domination de la technique. À cet égard, l'année décisive est celle de la mort de Goethe (1832).

(De Goethe, et de Cuvier : Victor Hugo note dans ses *Choses vues* qu'ils sont morts en même temps.)

— De son côté, le XXe siècle préfigure le monde des Titans. Je l'ai montré en détail dans *Les ciseaux* : il s'est produit un renversement du balancier, des Muses vers les Titans. Le XXIe siècle sort du XXe par un formidable accroissement de la puissance technique ; accroissement dont on peut craindre bien sûr de grands dommages. Nietzsche ne s'est aventuré que jusqu'au XXIe siècle, il a esquissé cette confrontation d'Apollon et de Dionysos — Dionysos est évidemment du côté des révolutions en cours… Ce qu'on peut attendre du siècle qui suivra, soit le XXIIe, c'est un retour des forces divines, tel qu'Hölderlin nous l'a prophétisé dans son grand poème *Pain et vin.*

— Vous avez dit qu'il était encore trop tôt pour écrire une théodicée…

— Pour le moment et par malheur, la littérature subit la loi du monde de la technique. Hölderlin disait que nous vivions en un « temps de pénurie ». Quand vient ce temps de pénurie, c'est que les dieux se sont retirés. Dès lors, une théodicée ne peut que rappeler la nécessité d'une épiphanie. Quant à savoir à l'avance quelle forme elle prendra… Ce sera peut-être l'apparition d'un poète.

« En tout cas cela ne peut arriver par une évolution religieuse, mais seulement par un événement spirituel : l'histoire des grandes civilisations repose sur de telles épiphanies. Chez les Grecs les dieux étaient encore très proches ; mais par exemple avec Moïse ou avec Mahomet de tels événements se produisent, et avec eux commencent les cultures qui survivent aux États et aux nations.

« De tels événements fondateurs nous viennent en quelque sorte du dehors, et ils ouvrent une époque nouvelle ; on peut les espérer, on ne peut pas les provoquer, intellectuellement ou de toute autre façon…

« En attendant, les dieux sont partis, et les poètes

qui par héritage sont leurs familiers, selon Schiller[1], ne doivent guère compter sur la sympathie des gens de la technique. Mais cette situation n'est pas vraiment nouvelle…

— L'âge des Titans marque-t-il une rupture dans l'histoire humaine ?

— Le développement de l'humanité est de nature à la fois biologique et spirituel. Le progrès des sciences et des techniques constitue une variation dans le monde biologique, mais à côté de ces variations, il y a les grandes mutations, et c'est dans une telle mutation que nous nous trouvons aujourd'hui. Le propre des Titans est de pousser le plus loin possible la quantification et la mesure ; aussi bien dans l'infime avec la désagrégation de l'atome, que dans l'extrême avec les vols spatiaux. Ce sont les règles mêmes de notre vie qui changent…

« Ces investigations ont d'ailleurs des effets significatifs : on a récemment mis au point un supertélescope qui permet de voir à des distances encore plus reculées. Mais à quoi bon, sinon à nous démontrer que nous n'avons plus de centre ?

(Écho parodique des vers de Boèce que Jünger aime à citer :

Superata tellus
Sidera donat
La terre surmontée nous livre les étoiles…)

— Nous arrivons selon vous à la fin de l'Histoire : avec elle s'efface la mesure humaine…

1. Schiller, *Le Partage de la terre.*

— Nous approchons d'un mur du temps : l'Histoire est en train de finir, et beaucoup de choses qui lui étaient liées finissent elles aussi, comme la gloire ou les héros. L'Histoire s'était démarquée du mythe et Hérodote a vu encore les deux versants de la montagne : là-bas, les mythes, ici, l'Histoire. Après lui est venu Thucydide. Aujourd'hui nous sommes à l'orée de temps anhistoriques : ils apporteront des choses sur lesquelles nous sommes encore incapables de nous prononcer. Il faut garder l'espérance.

«Avec l'Histoire s'achève aussi le temps des dieux, et de Dieu, mais l'essentiel, qui était caché derrière le nom de Dieu, cela ne disparaîtra jamais...

«Il faut garder l'espérance», au moment où partout s'impose l'évidence contraire, celle que, avec l'Histoire, nous avons quitté la terre habitable, pour atteindre à des confins où, selon Hugo, «la limite respirable de l'homme est dépassée et où un commandement de monstres est possible». Le propos n'a rien d'excessif : la traversée de la Forêt-Noire suffirait à nous en apporter la plus immédiate, la plus banale des confirmations. Un sapin sur dix est jaune, effet des «pluies acides» que l'on appelle ici plus abruptement *Waldsterben,* «la mort des forêts». Le règne des Titans ne se laisse oublier nulle part, et les sources mêmes où s'abreuvait le poète — le sentiment de la nature pérenne et intacte — sont empoisonnées. Tout est menacé, et ce n'est plus qu'à travers cette menace, et comme en sursis, que la nature se donne encore comme le péristyle du temple des Muses. «Le passage des Muses aux Titans ne se fera pas sans de grands dommages», les catastrophes écologiques en fournissent à la fois l'attestation et le symbole. « Dieu se retire », le mot de Léon Bloy, que Jünger préfère au « Dieu est mort » de Nietzsche, sera la devise du siècle prochain…

— Il est certain que les dieux reviendront, comme ils l'ont toujours fait — en attendant, le XXIe siècle sera un intérim désagréable et dangereux, où les dieux disparaîtront même de la poésie. Les mutations titaniques appellent de nouvelles formes appropriées à un nouveau degré de connaissance. Les ciseaux ne coupent jamais aussi bien que lorsqu'ils commencent à se refermer…

D'une autre méprise

Jünger est cité par Hoffmann — si ce n'est lui, du moins son homonyme Johann Friedrich Jünger (1751-1797), « romancier fécond et auteur de comédies », si l'on en croit les almanachs du temps. Il est question d'une de ses pièces, *L'Enlèvement,* dans *Maître Puce.* Quant à Ernst, et conformément à son étymologie, *fortissimus* ou *strenuus* selon Ménage, on peut le reconnaître en effet sous les traits d'un « personnage hoffmannesque » : le poète Ferdinand, dans *Le Poète et le compositeur.*

À la vérité, ce personnage d'Hoffmann si jüngerien est si peu « hoffmannesque » qu'il sera passé inaperçu aux yeux de la critique caucasienne. Il entre dans le conte à cheval, le bras en écharpe et une croix sur la poitrine, à l'avant-garde d'une armée victorieuse. Il a occupé ses bivouacs de rêveries et de poèmes, il s'est battu avec un héroïsme qui lui semble la moindre des choses : « La patrie m'a appelé et je ne pouvais résister à cet appel. Et cette main jusqu'alors habituée à ne tenir qu'une plume légère s'empara de l'épée avec toute la joie, tout l'ardent enthousiasme que la sainte cause nationale alluma au cœur de quiconque n'est pas marqué par sa lâcheté du sceau de l'esclavage. »

Toutes ces paroles ne seraient pas déplacées cent ans plus tard, dans la bouche du lieutenant Jünger. On entend même ce Ferdinand préluder de très loin à ses écrits sur la guerre, doublement polémiques par leur sujet et par leur ton, de *La guerre notre mère* jusques et y compris au *Travailleur* : « Les enfants de la nature se prélassaient dans la paresse et l'oisiveté ; et, les dons les plus beaux que leur offrait leur mère, ils les dédaignaient... Alors la nature en colère éveilla le dieu de la guerre qui était resté si longtemps endormi dans le jardin aux fleurs odorantes ; celui-ci, tel un géant d'airain, s'avança parmi les disgraciés et eux, fuyant devant sa voix terrible qui faisait retentir les monts, cherchaient protection près de la mère en laquelle ils avaient cessé de croire. » Même l'orchestration des *Orages d'acier* est ici en germe : « Des temps funestes sont venus. Ainsi qu'au cœur des vieilles et terribles légendes dont les échos, semblables à de sourds et merveilleux grondements de tonnerre, parviennent jusqu'à nous du fond de lointaines pénombres, nous distinguons de nouveau la voix de cette puissance qui règne sur nous de toute éternité ; elle s'introduit de manière évidente dans notre vie, et éveille en nous cette foi grâce à laquelle nous est révélé le mystère de notre existence[1].» Voilà *exactement* en quoi Jünger est hoffmannesque ou plutôt Hoffmann jüngerien avant la lettre.

*

Pour le reste, c'est-à-dire les lieux communs qui se répètent, il faut en revenir à Walter Scott, le premier présentateur de l'Hoffmann *hoffmannesque.* Sir Walter cite comme un trait distinctif du conteur ce «penchant naturel au pessimisme», son imagination déréglée, son «malheureux penchant vers les images horribles et déchirantes», enfin ses «craintes chimériques d'être marqué d'un sceau fatal, qui le rejetait hors du cercle commun des hommes». On jugera si Jünger ressemble à son modèle supposé. On ne voit guère qu'une anecdote de la vie de celui-ci, que l'on pourrait transposer avec vraisemblance : c'est à Dresde, bombardée par les Alliés, bombardement qu'Hoffmann regarde de sa fenêtre en compagnie de quelques amis. Soudain une bombe éclate devant la maison et tue trois personnes. Chacun a laissé tomber son verre, sauf Hoffmann, qui vide le sien posément en philosophant sur la fragilité de la «machine humaine».

Pour finir, le nom le plus hoffmannesque que Jünger pourrait revendiquer est le sobriquet que se donne à lui-même Hoffmann dans *Le Sanctus* : «le voyageur enthousiaste». Il faut rappeler alors ce qu'il y a dans l'*enthousiasme* de présence divine agissante, à l'insu parfois de ceux qui l'abritent.

1. *Le Poète et le compositeur* (traduction de Madeleine Laval, Phébus, 1981).

— Vous n'êtes pas ce qu'on pourrait appeler un sorcier, dit une belle dame au double romanesque d'Hoffmann ; vous inspirez une certaine répulsion.

— Comme tous les enthousiastes.

Le chef de gare

Jünger fait les honneurs des murs de son cabinet de travail :

— Ici, vous voyez *Le Choix d'Hercule* de Poussin que j'ai toujours sous les yeux et au-dessous *La Tour de Babel* de Breughel. Ce qui veut dire qu'il faut se déterminer, mais que tout travail est vain (montrant son bureau disparaissant sous les papiers)... comme vous pouvez voir...

Il désigne un tableau qui représente une vue de Paris :

— Le peintre Mohr m'a offert de me rapporter de Paris le paysage de mon choix. Je lui ai donc indiqué cette maison, à l'angle de la rue du Cherche-Midi et de la rue du Regard, qui avait l'air hantée. Il en a fait ce tableau, et Dieu soit loué, car la maison a disparu. L'immeuble qui l'a remplacée n'a plus rien à voir.

« C'est là que j'ai logé Goldhammer, le cuirassier ivrogne d'*Une dangereuse rencontre.* Cette maison avait un charme un peu crépusculaire dans ce quartier disparate, où les boutiques modestes et quelques ateliers voisinaient autrefois avec la prison militaire que l'on a rasée, et de nobles demeures décrépites, comme l'hôtel de Croÿ et celui de Rochambeau.

(Une rue Dupin toute proche met ce coin de Paris sous l'invocation imprévue d'Edgar Poe. Non loin de là, au 17 de la rue du Cherche-Midi, le duc de Saint-Simon a écrit en 1749 la 2756e et dernière page de ses *Mémoires*.)

— C'est à deux pas de Montparnasse, où j'ai de nombreux amis auxquels j'aime à rendre visite, chaque fois que je vais à Paris : Baudelaire, Quatremère de Quincy, Maupassant, Raymond Aron... La tombe de Baudelaire, comme d'ailleurs celle de Maupassant, est toujours couverte de fleurs fraîches.

« Il en va de même, paraît-il, de la tombe de Pierre Laval : des fleurs blanches, comme ses cravates. Il était très superstitieux. Quand le gouvernement du maréchal Pétain fut transporté à Sigmaringen — Céline a raconté l'épisode dans *D'un château l'autre* —, Laval fut logé ici même, à Wilflingen, dans cette maison, que la Gestapo avait réquisitionnée. Ce qui me valut quelques années plus tard la première visite que je reçus après que je m'y fus installé : celle de sa fille, Mme de Chambrun, qui voulait voir tous les lieux où son père avait connu ses dernières tribulations. La mémoire de Pierre Laval est encore indésirable en France ; les générations nouvelles prendront de cette époque une vue plus mesurée...

« Au fond, le « journal parisien » a toujours été tenu : d'abord par les Goncourt, puis par Gide et, pendant les années douloureuses de la Seconde Guerre mondiale, par moi-même...

— Et Léautaud ?

— Je l'ai souvent rencontré pendant la guerre, surtout dans le salon de Florence Gould, avenue Malakoff, où nous avons eu de belles conversations. Il me passionnait, comme représentant d'un type d'humanité qui n'existe plus. C'était un Parisien et un original. Nous avons ensuite correspondu ; il m'a envoyé son *Journal littéraire*, mais je lui préfère ses premiers livres, comme *Passe-temps,* ou ses souvenirs, *In Memoriam*, que j'ai traduits en allemand. C'est un peintre remarquable de la vie des petites gens des vieux quartiers de Paris — tout un monde qui a disparu...

Dès avant d'en connaître l'auteur Léautaud avait parlé plusieurs fois, avec éloges, de *Jardins et routes,* œuvre « d'un capitaine allemand (capitaine de réserve), Ernst Jünger, dans le civil homme de lettres[1] », dont « certains passages ne peuvent que toucher profondément un écrivain français[2] ». Il met une certaine coquetterie de provocation à toujours donner son grade à Jünger lequel, sans doute à son dépit, ne se montrera jamais à lui en uniforme. N'importe, la fantasmagorie prend le relais : « Comme je parlais à Paulhan du livre du capitaine Jünger (...), il m'apprend qu'il est devenu chef de gare à Paris, avec un uniforme extraordinaire, puis qu'il est entré en défaveur pour sa trop grande sympathie pour les Français, et qu'il a été envoyé en Russie[3]. »

Il y avait du cynisme, chez Léautaud, et assez de courage, quand il se réclamait de l'amitié de son capitaine chef de gare... On regrette que tous les invités de Mme Gould n'eussent pas cultivé Jünger dans le même esprit. Pauvres écrivains français si peu nombreux à pouvoir dire, comme Pierre Boutang, qu'ils n'ont rencontré d'Allemands entre 1939 et 1945 qu'au bout de

1. *Journal littéraire,* 30 juin 1942 (Mercure de France, 1987).
2. *Ibid.,* 14 janvier 1943.
3. *Ibid.*

leur fusil-mitrailleur (comme auraient pu dire aussi Armand Petitjean, ou encore Jules Roy...). Un Chardonne, par exemple, flatte en Jünger un vainqueur bien élevé, avec un luxe femelle de soumission dont le bénéficiaire ne daigne pas même s'apercevoir. Chardonne en sera pour ses frais d'avilissement : grand praticien de cette lâcheté bien mise de la bourgeoisie de province capable de tout pour sauver les meubles, ce vichysme congénital qui prêche la modestie, l'humilité, le repentir, la grande leçon de ce moraliste est qu'il faut se faire pardonner d'exister. Il écrit à Jünger plusieurs lettres, et c'est à peine si Jünger s'en souvient :

— Des jeunes gens sont venus de France me parler de Chardonne ; j'avais oublié ses lettres, qui sont classées dans mes archives.

Malheureuse postérité de Chardonne, qui vient entretenir Jünger du maréchal Pétain et du président Laval au détour d'un pèlerinage à Sigmaringen... Il est inutile de se demander en quelle estime Jünger peut tenir cette étrange piété, et son universelle bienveillance ne peut tromper que les jeunes gens pèlerins, comme elle trompait jadis leurs grands-pères convives de Mme Gould, qui ne demandaient qu'à être trompés...

Victus, invictus, victurus : même vaincu à son tour, en 1945, Jünger n'a jamais triché avec les arrêts de la fortune. Victorieux ou vaincu — provisoirement —, il a toujours gardé son âme de vainqueur. Là est peut-être le secret de cette universelle bienveillance, qui devrait, plutôt que les tranquilliser, épouvanter la race éternelle des collaborateurs...

D'un contresens

Que si le lieutenant Jünger est le frère du Ferdinand d'Hoffmann, selon Mars et selon les Muses, il n'a guère à voir avec le duc des Esseintes, révérence gardée à une critique amatrice de classifications convenues. Sans doute le héros de Huysmans se définit-il par son « besoin d'échapper à l'horrible réalité de l'existence », de même que, dans les tranchées, envahi par un « sentiment d'absurdité », « d'oppression de l'âme par la masse », « chacun cherche à se fuir ». Le diagnostic est du lieutenant Sturm, le double à peine transposé de Jünger, et les conversations qui réunissent dans son abri les trois chefs de section ont elles aussi pour objet « la fuite hors du temps ». Sturm-Jünger se reconnaît même « une capacité extraordinaire à s'abstraire des événements ». Sans doute ce « Décaméron de l'abri » ménage-t-il « un îlot de culture au cœur menaçant de la dévastation » comme les Falaises de marbre qu'il préfigure ; sans doute ses participants éprouvent-ils « l'universelle vanité » qui « nimbe toute civilisation avant qu'elle sombre de la lueur d'un luxe mourant et suprême ». Mais cette ultime jouissance relève plutôt d'un stoïcisme de combat que d'une fuite. Ce qui distingue le lieutenant Sturm et ses compagnons du dandy à la des Esseintes, c'est qu'« en eux s'unissaient étrangement un naturel robuste et une tendance à la décadence ». Le « naturel robuste » permet de faire face et de voir clair. Tout au contraire des Esseintes a le système nerveux débilité des « races à bout de sang ». Sa « cervelle ébranlée » est « aiguisée » et « rendue comme visionnaire par la névrose». Il préfère en tout l'artifice, ne veut que des fleurs postiches, le réel l'accable et l'ennuie. Sans cesse il a besoin de stimulants : son organisme épuisé ne supporte plus l'opium ni le haschich. Il cherche en vain parmi les chefs-d'œuvre de la nature ou de l'art, fleurs, pierres, livres, tableaux, un antidote à son ennui et un remède à son impuissance.

On n'imagine guère que le lieutenant Sturm se reconnaisse beaucoup d'atomes crochus avec cette épave d'humanité : «L'un des bons points de la guerre était qu'on ne pouvait plus s'y payer de mots. Tous les concepts prétentieux et vides s'effondraient sous les rires.» La guerre permet l'affranchissement des contingences sociales et par là, des pesanteurs sociologiques. Dans *Le boqueteau 125,* Jünger cherche à se représenter ce qu'il aurait fait sans la guerre, «enchaîné à une profession (...); dans des cafés littéraires avec des écrivains qui frotteraient l'un contre l'autre leurs cerveaux anémiques». Comment a-t-on pu écrire, même sous forme de boutade, que Sturm-Jünger était «des Esseintes devenu commandant de troupes de choc[1]»? Les ressemblances superficielles importent peu : le goût du rare, l'intemporalité artiste, etc. Il manque essentiellement à des Esseintes cette «grande santé», cet instinct solaire que possède Jünger et qui ne lui ferait trouver à son prétendu modèle qu'un intérêt entomologique. Le duc des Esseintes est sans doute un lâche, d'une lâcheté ontologique qui cherche dans la fuite à s'exonérer de la commune condition. Huysmans

1. Henri Plard, «La carrière d'Ernst Jünger (1920-1929)», in *Études germaniques,* avril-juin 1976.

note en passant l'expression ambiguë de sa figure, « à la fois lasse et habile » : voilà des adjectifs aussi peu jüngeriens que possible. Plutôt qu'au pâle des Esseintes, si l'on tient à tout prix à ce « dandysme » galvaudé, c'est à Barbey d'Aurevilly qu'il faudrait revenir. *Du dandysme et de George Brummell* définit cette attitude comme une ascèse : « C'est une manière d'être, entièrement composée de nuances, comme il arrive toujours dans les sociétés très vieilles et très civilisées... Le dandysme introduit le calme antique au sein des agitations modernes... Ce qui fait le dandy, c'est l'indépendance. » Le sens des nuances, le goût de l'indépendance conviennent assez au lieutenant Jünger. Quant à son double Sturm, le dandysme est chez lui le repos de l'héroïsme. Il a si peu la superstition des œuvres d'art qu'il brûle sans hésiter ses notes, ses livres et ses tableaux pour éclairer son abri durant l'attaque finale, et pouvoir dégager son ordonnance bloqué sous un éboulement. Des Esseintes n'aurait pas commandé longtemps une troupe de choc...

Serpents & sabliers

— Il y a aussi les voyages : votre journal, *Soixante-dix s'efface*, est pour une large part un journal de voyage...

— Vous savez, il n'est pas nécessaire d'aller très loin pour voyager, Xavier de Maistre le faisait autour de sa chambre ; Heidegger ajoutait qu'on pouvait même s'abstenir de regarder par la fenêtre...

«Aujourd'hui le tourisme, en facilitant les voyages à l'excès, les a beaucoup dénaturés... Nous étions naguère en Crète, où je n'étais pas retourné depuis vingt ans. Cruelle déception : je n'ai reconnu aucun des lieux que j'avais aimés. Mon père me disait qu'il ne fallait jamais céder à la tentation de retourner là où l'on a été heureux. C'est naturellement l'effet du temps qui passe : un vieil homme ne retrouvera jamais les paysages que plus jeune il avait aimés; encore faut-il que les lieux n'aient pas changé. Or tout s'est transformé en Crète. Par exemple je n'ai pas retrouvé un ruisseau le long duquel je me promenais, où je chassais les coléoptères, où venaient se baigner les tortues : il a été recouvert, l'urbanisation est arrivée jusque-là. De même pour les plages. Le tourisme est comme un torrent qui se déverse en permanence sur ces pays...

«La pollution de la Méditerranée n'en est pas la moindre conséquence. En comparaison l'océan Indien est encore très pur... Je l'ai constaté l'année dernière quand nous sommes allés aux Seychelles, en particulier à l'île Praslin, où j'ai fait l'acquisition de cette double «noix de coco de mer»...

Jünger rit, tapote en passant ses formes rebondies. «Très érotique!» Dürer décrit déjà une semblable *coco del mar* dans son journal de voyage aux Pays-Bas. Elle voisine ici dans l'antichambre aux insectes avec une grande tortue naturalisée («Je l'ai trouvée chez un Chinois de Singapour»), une mâchoire de requin et une longue peau de serpent.

Il va de soi que les serpents sont à l'honneur dans la Grande Foresterie; au fond du cabinet de travail, un crotale naturalisé veille sur les dictionnaires, près d'un autre chalcographié au Louvre et dédié à Louis XIV.

Jünger tient à faire les honneurs complets de ses aîtres. Il est assez content de montrer à ses visiteurs la maquette d'un voilier gréé très précisément :

— C'est la *Bounty*. Je me la suis offerte à l'île Maurice. Les aventures à l'île Pitcairn m'ont toujours passionné...

Les sabliers sont à côté, au sommet de la bibliothèque de patristique — beau motif de *vanité* involontaire.

— Les sabliers anciens sont rares parce qu'ils sont très fragiles ; je suis parvenu tout de même à en rassembler quelques-uns.

— Vous proposez dans *Sauts de temps* une curieuse promenade dans un sablier...

— Le point de départ de ce *capriccio* fut la considération d'une date : 8-8-1988. Le 8 est un chiffre numineux. Le symbole de l'infini mathématique est un 8 couché. Il a de plus la forme d'un sablier. Il y a là un point focal, par où le sable s'écoule. De même pour le travail, où l'on se tient à ce point précis — qui est le point de tangence avec l'intemporel absolu.

« Un poète de mes amis m'a vu en rêve un sablier tatoué sur le torse. (Jünger fait un dessin.) Chose étrange, la partie inférieure était deux fois plus renflée que l'autre. Je l'interprète comme une allégorie de mon âge, j'ai depuis longtemps passé le *mezzo del camin* et la seconde partie de ma vie continue de s'accroître par rapport à la première...

Considérations augustes

Le jardin de Jünger est évidemment à l'image de son jardinier, et les plantes qu'il renferme ne sont pas de tout repos. La *Datura fastuosa*, par exemple, se recommande d'Hoffmann comme un excellent parfum de veuvage. Dans le conte homonyme, la vieille épouse d'un botaniste n'aime rien tant que commencer sa journée en allant flairer sa datura ; elle y manque un matin, sans savoir que ce jour-là son mari avait empoisonné les fleurs. Lesquelles, selon le *Dictionnaire de Trévoux*, « sont blanches, semblables en quelque manière à un verre à boire, & d'une odeur agréable, mais foible ». Là s'arrête le bien qu'on en peut dire. Pour le reste, les bons pères lexicographes font de la datura une plante de l'enfer. « Elle vient de la hauteur d'un homme. Ses tiges sont grosses, & ses feuilles larges… & d'une puanteur abominable… Son fruit est une fois aussi gros qu'une noix commune avec son écorce, un peu long, de la figure d'une poire et garni de piquans : il contient beaucoup de semence noire, applatie, & d'une odeur désagréable. Les fleurs & les semences de la datura troublent & aliènent l'esprit ; pendant le temps que dure cette yvresse, on ne fait que danser, rire ou pleurer. Les femmes de mauvaise vie en font prendre à leurs amans », etc. Encore les pères de Trévoux préparaient-ils la cuisine de Sade plutôt que celle d'Hoffmann…

*

Le thuya est davantage *ad usum delphini.* Jünger montre volontiers celui qu'il a planté à son arrivée à Wilflingen et qui, près d'un demi-siècle après, domine tous les arbres du jardin.

— C'est un arbre de vie, dit-il. Il m'arrive de couper un rameau pour le mettre dans un vase. Au bout de six mois, l'eau ne s'est ni évaporée ni corrompue. C'est la coutume, dans les pays arabes, d'en jeter de petites branches dans les citernes...

(De fait, l'homéopathie connaît une douzaine d'indications pour *Thuya occidentalis*, que l'on prescrit pour retrouver la ligne après une grossesse, en cas de cauchemar de chute ou de cadavre, de tristesse, de rhumatismes, de verrues, d'ongles mous...)

*

Que le jardinier se révèle médecin, et même devin, est après tout dans l'ordre étymologique. L'*auctor,* en latin, est celui qui veille à l'accroissement — *augere* — et cette *auctoritas* suppose à la fois qu'il provoque l'*auxilium,* le renforcement, et qu'il se comporte en *augur,* celui qui décèle les présages favorables à l'accroissement d'une entreprise. Une telle entreprise, confirmée par les signes et consacrée par les augures, sera dite *auguste,* c'est-à-dire, en résumant, conforme aux lois du jardinage...

On est accueilli au rez-de-chaussée par un portrait de Goethe olympien ; le docteur Liselotte Jünger a édité ses œuvres poétiques. Il règne sur la collection d'almanachs du XVIIIe siècle, collection réunie par Mme Jünger dans un meuble de poupée où son mari fourrage, du droit du mousquetaire au couvent. Il ouvre l'*Almanach des Muses* pour 1784 qu'il a déniché lui-même chez un libraire de la rue du Cherche-Midi, il nous montre deux poèmes signés « le chevalier de Rivarol » (« C'est le frère, Claude François. ») Des dessins d'insectes de Sabine Merian décorent les murs de ce « quartier d'hiver pour les plantes » où notre hôtesse a réuni des orchidées blanches, violettes et mauves, splendides vestiges du dernier anniversaire. Elle nous explique comment elle les soigne et leur prodigue la « brume d'eau » qu'elles réclament.

L'orchidée, et ses « fervents lecteurs » le savent, est la fleur préférée de Jünger. Est-ce parce qu'on lui prête le pouvoir de refleurir indéfiniment, et de vivre un siècle et plus ? Ou parce qu'elle figure assez bien, à travers ses trente mille variétés recensées, le type végétal de l'anarque, qui dément par sa seule existence le conformisme statistique de notre monde voué au Travail ?

Julien Gracq, de son côté, fait de l'orchidée le symbole même de la littérature : elle croît à partir d'autres végétaux, comme les livres naissent d'autres livres : « La création littéraire est une épiphyte. »

Autre plante d'écrivain, une grande *Datura fastuosa* permet à Jünger de rappeler en souriant Hoffmann et ses leçons de crime parfait. (Dans *Le cœur aventureux*, le logis de Nigromontanus était déjà signalé par des daturas «qui balançaient leurs petits calices blancs».)

*

Un roulement qui monte de la rue avec un tintinnabulis de bidons nous tire de ces méditations périlleuses.

— C'est Aloys qui passe ramasser le lait, explique Mme Jünger qui ajoute : C'est un voisin, presque un ami.

Sous la fenêtre une conversation s'engage. Jünger dresse l'oreille :

— Il y a quarante ans que j'habite ici — et je ne perçois du dialecte souabe guère plus que la musique, qui me rappelle celle du portugais. J'en avais déjà parlé avec Gide, quand je l'ai rencontré avant la guerre, au retour de mon voyage au Brésil...

La France n'est jamais loin : à la fois repère familier et pierre de touche à quoi il éprouve sa pensée et confronte son expérience. Dans l'antichambre, le «courrier français» est classé à part. Ce matin, il apporte un livre sur de Gaulle que Jünger feuillette en passant :

— Nous avons travaillé durant les mêmes années sur les mêmes théories militaires — sans nous connaître...

L'Histoire est un club.

Le mur où s'appuie l'escalier offre un précis de géographie jüngerienne : il est couvert de photos encadrées (Mme Jünger soupire qu'il en existe beaucoup d'autres, qui ne sont pas suspendues, faute de place) : la villa Massimo à Rome, Lucques, le tout proche château de Meersburg, la Grèce, la Sardaigne, la tour des Sarrasins et « le petit Wilflingen d'Angola » où les Stauffenberg possédaient une « ferme de café » (*sic*) et d'où Jünger a rapporté une cicindèle inconnue, qui porte aujourd'hui son nom.

Sur le linteau intérieur de la porte d'entrée, on a tracé à la craie le B M C rituel de l'Épiphanie : les initiales des Rois mages. Jünger ouvre la porte. Un chat, qui devait patienter dehors depuis longtemps, nous traverse en trombe. Mme Jünger le présente :

— C'est un siamois rouge... Nous avons le frère et la sœur...

Jünger, qui était remonté à son cabinet, redescend derrière nous, bredouille, penaud :

— Je voulais vous montrer une lettre de Maupassant...

À la cour du Maure

Le *Mohren,* c'est Balthazar. Les Allemands ont toujours montré une étrange dilection pour le roi noir ; les peintres de la Renaissance le vêtent avec un luxe énorme et sauvage, entre la Compagnie des Indes et l'opéra. Quant au *Mohren* de Riedlingen, qui sourit mi-étonné, mi-complice au fronton de l'hôtel homonyme, il ressemble plutôt à Zamore, le négrillon enturbanné de la comtesse du Barry. On l'imagine partout sauf dans la crèche, ou alors dans une crèche-boudoir pour chapelle rococo.

Le *Mohren* est le rendez-vous des Français. Dans cet hôtel « modeste, mais confortable », Jünger reçoit ses hôtes d'outre-Rhin; de même que le courrier de Paris, il les traite à part. C'est une position stratégique tout près de l'église Saint-Georges, de la porte de la ville aux marqueteries impériales, de l'hôtel de ville surveillé par les cicognes et de saint Georges encore, un saint en béton avec son serpent au milieu d'une fontaine qu'il a l'air, révérence gardée, de déboucher avec sa lance. Cet hôtel-charcuterie qui doit remonter au milieu de l'autre siècle, au temps des rois chasseurs et des poètes à châteaux forts, est un havre de paix sauvage. On entendra l'adjectif dans son sens latin, *sylvestre,* et même toscan, en insistant avec Dante : *selva selvaggia*, autant dire forêt forestière, celle du Grand Forestier et de ses hordes, qui ne sont jamais très loin.

Un havre, donc, et du genre matriarcal, aux mains de la mère et de la belle-fille. Le fils, propriétaire en titre, règne mais ne gouverne pas. Son nom figure partout, comme il sied à un monarque constitutionnel; lui se contente de tout regarder de loin, du haut d'une table en retrait de la grande salle, où il s'éternise en pantoufles derrière son petit déjeuner.

Il est vrai que c'est une grande chose, le petit déjeuner du *Mohren,* et la véritable spécialité de la maison, qui réconcilie le corps et l'âme du pauvre voyageur par sa réjouissante profusion de saucisses, de fromages, de brioches et de bretzels, et de gâteaux le dimanche, sous les massacres de cerf et les lustres en andouillers. La mère, qui naguère encore tenait la charcuterie attenante, vient en traînant la jambe saluer la compagnie d'une voix sonore, pas de Long John Silver et baudrier à monnaie de receveur d'autobus.

Le *Stammtisch* attend ses habitués derrière la ligne des

bocks et les carreaux de faïence ; dans la salle renfoncée, à l'entresol, un petit Bacchus chevauche aimablement son tonneau sous un crucifix. Il préside aux changements de couleurs du calendrier gastronomique ; c'est par exemple la semaine bavaroise, qui suspend aux quatre coins des trophées délectables dans le blanc et l'azur losangé des Wittelsbach.

Un grand ibis rose de papier mâché garde le couloir du premier étage, où glissent parfois des filles de cuisine à l'aspect un peu nibelung. Quelle loi sotte et dangereuse relègue aux fourneaux les êtres disgraciés ? Comme si l'alchimie culinaire n'avait rien à perdre à naître au piquet...

*

Les soirées se terminent au *Kreuz,* à deux pas derrière le *Mohren,* au premier étage d'une maison du temps de Dürer. Le plafond est bas et pentu, on prend place autour des tables, sur des bancs de bois récurés, dans la fumée des pipes et des cigares que l'on allume aux bougies ; là les demis sont de vrais demi-litres, de bière « claire » ou « trouble », *helles, trübes Bier,* qui accompagnent de tendres *Brötchen* potagers. Le café est servi brûlant ; l'alcool de poire vient du *Löwen* de Wilflingen : que peut-on souhaiter de plus ? L'Ibis, un grand garçon taciturne à la chemise rouge flottante, dort déjà de tout son long sous la croix, sur le banc près de la grande horloge arrêtée.

Il fait nuit depuis longtemps quand nous regagnons le *Mohren*. Demain matin, on retrouvera sur la margelle la bonde de la fontaine, saint Georges et son dragon auront les pieds au sec. Sans doute une facétie française. Le brouillard s'est levé : il est venu du fleuve et de son canal parallèle, qui entre dans les caves de toutes les maisons riveraines. Il s'est répandu sur la place, à travers toutes les petites rues.

— C'est le Danube qui monte se promener à Riedlingen…

La ville des moineaux

« On s'arrête : on y est !…. C'est là, un poteau… mais plus d'Ulm ! un écriteau : ULM… c'est tout… tout des hangars crevés autour ! tout des ferrailles distordues… des sortes de grimaces de maisons… » (Céline). Depuis lors on a reconstruit, mais la ville n'existe plus : tout de même, celle qu'on a relevée de ses ruines — et avec ses ruines — est un trompe-l'œil, un corps-mort. On a profité des destructions pour élargir les avenues, dégager les places, et dédier le tout au plus vil Mercure : commerce et rapidité. Les guerres modernes ont du bon.

Il reste la fameuse cathédrale, rougeâtre, sinistre à fuir, désertée par Dieu. Une noce sort par une porte de côté, traverse les reliefs d'un marché aux légumes du plus pur style Allemagne de l'Est ; juchés sur un tas de ruines, deux bulldozers-pelleteuses continuent d'arracher une maison, tandis que des lances à incendie aspergent les murs prêts à s'abattre.

La cathédrale est un entrepôt de vestiges : dalles funéraires, bas-reliefs rapportés, statues en foule. Le donateur à genoux, un prélat le tenant aux épaules, offre l'église à l'enfant Jésus porté par sa mère assise, un heaume aux vastes cornes derrière lui, où se rengorge l'aigle germanique. Les blasons envahissent tout, de cette héraldique exagérée que le Saint-Empire pratiqua jusqu'à Dürer ; des vols abaissés sortent des casques, des lévriers assis, des aigles, des anges, des serpents dressés ; des griffons, des guivres, des cygnes et des ours ; et même le Temps en personne, maigre vieillard avec ses ailes et sa faux, debout sur un cimier. Et puis une théorie de licornes sur un mur, avec la date : 1942, où on les a repeintes. Il y avait donc quelqu'un, dans l'Allemagne de 1942, pour se soucier de peindre des licornes…

Les autres églises, « tout enfarinées de suie », découragent le visiteur, qui ne trouve guère dans tout ce décor qu'une seule trace de présence humaine : la plaque apposée sur la maison où habita, il y a deux siècles révolus, le poète Christian Schubart, protégé par la ville impériale. La maison est aujourd'hui la pharmacie *À l'ange,* et un ange priant sert de pilastre, qu'un miracle a préservé du kitsch omniprésent.

On reprend courage en regardant les canards, qui dérivent en diagonale avec des gestes de patineurs le long d'une eau étroite, claire et courante, peut-être l'Iller qui est la frontière bavaroise. Le grand personnage de la ville est un oiseau, l'*Ulmer Spatz,* le moineau d'Ulm, un brin de paille en travers du bec, dont tous les pâtissiers de la ville proposent l'effigie en massepain. Nous retrouvons l'original hirsute, sautillant sur un tas de poutrelles de fer, qui nous dévisage près de la statue du tailleur Berblinger — lequel inventa le plus léger que l'air en regardant les moineaux. (Mme Jünger raconte beaucoup mieux cette histoire volatile dans tous ses détails.) La postérité mécanique de l'oiseau s'appellera ULM en français, le hasard des sigles a quelquefois de l'esprit.

*

Fred Uhlman, l'auteur de *L'ami retrouvé,* disait que « le Wurtemberg a toujours été la terre des poètes et des philosophes : Schiller, Hölderlin, Schelling, Hegel, Hesse, Einstein... et le maréchal Rommel ». Le nom de Rommel sert aujourd'hui de point de ralliement électoral. C'est à Ulm que la folie s'apaise, à la chapelle de saint Guy où Ambroise Paré envoie les pèlerins fous, « de cette folie avec risée qui les incite à danser & sauter durant l'accès, qu'ils appellent mal saint Vitus & le guérissent par la musique ». On implorait saint Guy au son des cornemuses. Cette musique sanitaire était des plus avantageuses ; pour autant, nous renonçons à demander l'adresse de la chapelle.

Ulm n'est plus dans Ulm, malgré saint Guy, ou saint Vit, et le moineau ; Céline nous avait prévenus. C'est un nom que l'Histoire a fait plus parisien que wurtembourgeois, en l'inscrivant sur l'Arc de triomphe et sur la colonne du Châtelet, et en dédiant sa rue aux débordements de l'intelligence (c'était encore honorer saint Guy).

Charlemagne oriental

Le Lech est une petite rivière basse sans prétention historique ni même géographique. C'est une frontière naturelle de la Bavière, le fait ne serait pas d'une extrême conséquence si elle ne terminait aussi l'Empire d'Occident. Charlemagne s'est avancé jusqu'à ces bords, il a reculé jusque-là le limes, après quoi commence autre chose, la Germanie refoulée dans ses forêts et rejetée aux diables qui déjà épouvantaient Tacite.

Le Lech — *Lechus* — sépare donc deux mondes : «*Is fluvius Baioarios ab Alamanis dividit*», écrit Eginhard dans sa *Vie de Charlemagne*; il sépare donc les Bavarois des Allemands, c'est-à-dire des Francs, autrement dit des Romains. Au début du IXe siècle, la Bavière est un duché, soumis, en titre, à l'empereur; mais l'empereur est loin, et le duc Tassilon est le gendre de Didier, roi des Lombards, que Charlemagne a vaincu et dépouillé de sa couronne. Et puis d'un autre côté, à l'est, les Huns sont tout proches, et Tassilon croit de bonne politique de faire alliance avec eux. Charlemagne finit par se lasser de ce que les chroniques appellent «l'arrogance» de son vassal : il lève une armée et marche sur la Bavière. Sur la rive du Lech il établit son camp et dépêche ses parlementaires au duc. L'ambassade est de courte durée, et c'est Tassilon lui-même qui reconduit les émissaires à Charles et se jette à ses genoux : il se soumet, implore sa clémence, amène les otages réclamés dont son propre fils Théodon, et «prête serment de ne plus écouter aucune incitation à la révolte». «C'est ainsi qu'une guerre, qui s'annonçait comme particulièrement grave, fut arrêtée avec une extrême rapidité» (*Sic que bello, quod quasi maximum futurum videbatur, celerrimus est finis impositus*). Elle s'arrêta même, rigoureusement parlant, avant d'avoir commencé, n'ayant eu d'autres causes, dit Eginhard, que «la superbe et la sottise» — *superbia simul ac socordia* — de Tassilon, que son maître ne laissa pas repartir, faisant gouverner la Bavière par ses comtes. Où l'on voit, entre autres choses, que les duchesses lombardes sont de mauvaises conseillères et que Charlemagne pratiquait la dissuasion avant la lettre : nul besoin pour cela d'arme secrète ni d'arsenal terrifiant, son seul nom propagé devant lui suffisait. C'est ainsi que le Lech abreuva un jour le cheval de l'empereur et que ses eaux placides reflétèrent sa barbe fleurie…

Charlemagne occidental (ou la marche de Bretagne)

Charlemagne est à l'honneur dans l'église de Saint-Florent-le-Vieil : un vitrail qui surmonte la grande porte et au-dehors, le grand médaillon de la façade dont l'effigie chevelue représenterait plutôt, selon un érudit ecclésiastique soucieux de n'écarter aucune hypothèse, «Louis XIV en perruque». Les incertitudes de l'Histoire renforcent ainsi malgré elles la vérité de la légende, et que dire de mieux du grand roi, tout compte fait, sinon qu'on peut le prendre pour le grand empereur…

Charles protégeait donc les moines de Saint-Florent, et c'est pour les défendre contre les menées du roi de Vannes, Nominoë, qu'il décida un jour d'aller porter la guerre aux Bretons. L'armée qu'il leva, on ne sait si Roland la commandait, les chroniques n'en disent mot, quoique ce prince portât le titre de «duc de la marche de Bretagne». Bretagne cismarine, *Britannia cismarina* comme l'appellent les annales royales, soit le pays des Vénètes, qui déjà tenaient les aigles de César en échec. Eginhard n'y fait qu'une allusion en passant, comme à une preuve surabondante du génie politique et militaire de son souverain : « Charles triompha aussi des Bretons, qui habitent l'Occident, à l'une des extrémités de la Gaule, sur les bords de l'océan. Comme ils se refusaient à lui obéir, il envoya chez eux une armée qui les contraignit à livrer des otages et à promettre de faire ce qu'on leur commanderait » (*Domuit et Brittones, qui, ad occidentem in extrema quadam parte Galliæ super litus oceani residentes, dicto audientes non erant, missa in eos expeditione qua et obsides dare et quæ imperarentur se facturos polliceri coacti sunt*).

Les Bretons furent défaits sur l'île Batailleuse, sous les fenêtres de M. Gracq. Les trembles qui ombrageaient l'île ont été naguère abattus.

Chandeleur maritime

Saint-Florent se traverse moins qu'il ne se remonte. À côté de la rue du Grenier-à-sel, qui débouche dans la Loire sans plus de façon, une marchande de journaux commande le passage. Ses manchettes nous rassurent : la reine d'Angleterre n'abdiquera pas. Des hameçons, des lignes, des amorces sont disposés en évidence, ainsi que les volumes de M. Gracq dans la Pléiade.

La rue conduit jusqu'à l'église forte et un peu plus haut jusqu'à la colonne de la Fidélité, qui rappelle la visite de la duchesse de Berry. Aujourd'hui le monument est le vestiaire des écoliers qui jouent au ballon.

Tout près de là on peut regarder la Loire, « un des plus beaux paysages du monde » — c'est Aragon qui le dit. Les jardins sont nus, le ciel vide et sur le fleuve le canot des sapeurs-pompiers s'amuse à des régates solitaires.

À l'entrée de l'église une crèche hors de saison aux colossaux rois mages et « à gauche, en avançant », le tombeau du général marquis de Bonchamps. « Grâce aux prisonniers ! » La merveille de ce corps redressé aux yeux sans regard qui rend insupportable le voisinage des autres statues banales ; les veines saillantes, les muscles tendus dans le suprême effort de lever la main et de commander le pardon — le monument de David d'Angers fait le silence autour de soi. « Essayez de frémir comme l'enfant qui, parmi les soldats, regardait l'église où était son père, comme le sculpteur de génie quand il réduisit à ce geste la fresque, complexe comme une tragédie, de son enfance et de sa pitié... Essayez de sentir, ici, l'exceptionnel, une chose du monde sans paire, la grandeur de l'art et du sentiment mêlés, regardez, je vous dis, regardez bien : car ceci, au-delà des jugements et des systèmes, écoutez-moi, ceci c'est la France. Et vous ne me direz plus que l'art n'a pas de patrie. » Ces lignes d'une fière exaltation sont d'Aragon encore, elles sont extraites d'une conférence qu'il a prononcée à Angers le 27 avril 1956. On peut s'en procurer « honnêtement » le texte au café de la Mairie, comme y invitent les notices bavardes répandues un peu partout dans l'église.

*

Les petites rues qui redescendent vers la Loire livrent Saint-Florent par les coulisses, un étroit passage entre les maisons trahit par exemple l'arrière plus expédié de telle façade Louis-XVI-bourgeois-de-province. D'un soupirail monte en sourdine le commentaire de France-Galles. Il n'y a personne.

Au bord du fleuve on pêche à la ligne, un grand-père et son petit-fils, l'un et l'autre graves et silencieux. Un éclair au ras de l'eau signale un martin-pêcheur ; on nous sert à *La Gabelle* un muscadet sur lie pâle comme le jour mais non des anguilles, l'étiage de la Loire est trop bas. Tant pis : nous prendrons au retour des huîtres à Nantes chez M. Fromentin, en nous servant du plan que reproduit la couverture de *La forme d'une ville*...

De l'art héraldique

Un jeune barbet noir qui vaguait dans la rue du Grenier-à-sel vient à nous et nous fête : il faut tirer la cloche, se faufiler l'un après l'autre dans l'escalier qui mène à la terrasse en trompant lâchement l'exubérance de notre nouvel ami. Mais quoi : on ne commence pas une visite à M. Gracq, même s'il n'y sera question que de Jünger, en parodiant les premières scènes de *Faust*...

— Il semble que l'on fasse moins grief à Jünger d'être le dernier représentant d'un héroïsme militaire sans ambiguïté que d'en avoir trouvé l'analogue esthétique par ce que vous appelez son « art héraldique »...

— C'est exactement à propos de *Sur les falaises de marbre* que j'ai parlé d'héraldique. Ce livre, le premier que j'ai lu de Jünger, m'a énormément impressionné, et je continue à le trouver très beau. Les personnages qu'il montre : le Grand Forestier, les deux ermites, le père Lampros qui vit au monastère voisin, sont des figures emblématiques, telles qu'on les trouve dans le blason. Quand on lit *Sur les falaises de marbre,* il paraît indiscutable qu'il s'agit de notre temps ; ce récit — Jünger l'appelle un *capriccio,* je crois — ne pouvait guère être écrit à une autre époque. Et pourtant ce n'est pas du tout un livre à clefs. À sa publication, on a évidemment cherché à déchiffrer les noms réels des personnages ; surtout en Allemagne, où certains dignitaires du parti nazi ont demandé des poursuites contre Jünger, parce qu'ils avaient cru reconnaître Hitler, ou plutôt Goering, dans le Grand Forestier. En France, on a considéré que ce livre prenait un très grand recul, qu'il était détaché et, en somme, objectif.

« En réalité — c'est ce que pense Jünger lui-même, avec qui j'ai eu l'occasion d'en parler —, il n'y a pas de clefs à ses personnages. Les récits à clefs, les allégories, une fois qu'on les a déchiffrés, se déchargent tout de même d'une partie de leur magnétisme : ils sont *troués,* on voit ce qu'il y a derrière. Ici, rien de tel. J'ai dit que ses personnages ressemblent aux figures des jeux de cartes : les rois par exemple, quoiqu'ils aient des noms — César ou Alexandre —, sont devenus *autre chose* — des figures représentatives. Au contraire de l'allégorie, une œuvre symbolique comme celle-ci recharge de signification ce qu'elle évoque, sans lui imposer du tout un sens préétabli. Là se trouve la force de ce livre, dont la réussite littéraire absolue m'a beaucoup frappé. Par une espèce d'érosion des contours, de condensation très forte des personnages, Jünger parvient à faire lire une époque sans qu'on puisse y retrouver tel ou tel contemporain ou telle doctrine précise. Cette séparation d'avec le concret et ses singularités fait que ce livre tiendra.

— L'art de Jünger tranche ici sur sa manière habituelle, celle des autres fictions et des journaux...

— Littérairement et historiquement, Jünger est un personnage à multiples facettes. J'en suis d'autant plus frappé que je l'ai lu par degrés, en commençant par *Sur les falaises de marbre.* Je ne savais alors rien de lui, en 1942, pas même son nom. Il avait pourtant déjà publié un livre, *Orages d'acier,* un récit de guerre qui avait connu en France un grand succès. J'ai lu *Sur les falaises de marbre* par hasard, dans une bibliothèque de gare, au vu du titre qui me plaisait. Ce livre m'a fasciné. Il a été écrit, c'est très visible, dans un moment de tension, juste avant la guerre. Nous avons là une condensation tout à fait remarquable, non seulement de l'époque, mais aussi de la biographie de l'auteur. Les ermites des Falaises de marbre — en réalité Jünger et son frère — sont tous deux d'anciens guerriers qui ont raccroché les armes pour se consacrer à une vie contemplative axée sur la botanique et puis surtout, comme chez Goethe, sur des rapports analogiques entre les objets de la création. Jünger n'aime pas, je crois, que l'on parle de Goethe à son propos ; mais il me semble que son attitude, surtout à l'égard de la nature, est tout de même assez goethéenne...

« Je dirais que *Sur les falaises de marbre* est une réussite unique, à la fois dans l'œuvre de Jünger, qui n'a pas cherché à la répéter, et dans la littérature allemande, qui souvent, il me semble, a des difficultés avec la forme romanesque, plus que la littérature française. Je pense aux grands romanciers comme Thomas Mann : tout à coup il se produit une hernie, une longue digression de cent, cent cinquante pages, où les personnages se mettent à parler — peut-être parce que les Allemands communiquent davantage avec le monde des idées, la philosophie.

— En France, Jünger a eu beaucoup de chance avec ses traducteurs…

— En effet. Celui de *Sur les falaises de marbre* en particulier, Henri Thomas, est remarquable. Je le mesure d'autant mieux qu'il me faut avouer une lacune dans mes lectures : je ne suis pas germaniste, je ne connais donc Jünger qu'à travers les traductions. C'est une chance assez rare qu'il a eue, comme Poe avec Baudelaire…

L'auteur & son interprète

Henri Thomas s'excuse de nous recevoir assis. Il retarde pour nous la venue d'un jeune peintre autrichien qui fait son portrait. Le monde germanique semble ne pas le quitter…

— Comment avez-vous été amené à traduire *Sur les falaises de marbre* ?

— Par Bernard Groethuysen, qui avait lu le livre à sa publication en Allemagne, où il avait connu un certain retentissement. Il m'a dit : « Voici un auteur qu'il faut traduire. » Paulhan aussi s'y intéressait. J'ai traduit ensuite *Le mur du temps* — c'était plus difficile —, *Le cœur aventureux, Jeux africains, Le problème d'Aladin*... Et puis j'ai continué à le lire mais non pas à le traduire : sa pensée a toujours été un peu trop complexe pour moi...

— Julien Gracq évoque à propos de votre traduction de *Sur les falaises de marbre* la rencontre de Baudelaire et de Poe...

— Il n'y a pas de comparaison : j'ai toujours — comment dire? — traduit Jünger d'un peu loin, je n'ai jamais adopté sa pensée. Pour moi c'était surtout un style : je l'admirais comme styliste, et j'ai continué à l'admirer. Au fond, le livre de lui qui m'a le plus intéressé est l'un de ses plus méconnus : *Le mur du temps,* où il aborde toutes sortes de problèmes métaphysiques avec une hardiesse de vision extraordinaire. Il y a là des aperçus prophétiques, comme dans *Le Travailleur,* qui n'est pas, comme certains qui ne l'ont pas lu se l'imaginent, un livre consacré au IIIe Reich...

« Pour moi Jünger est un poète qui n'a pas écrit de poèmes — du moins je n'en connais pas. La musique de sa phrase est très subtile et caractéristique, tant qu'on ne l'a pas perçue on ne peut pas le traduire. Je l'entendais tout en le traduisant...

— Quelle était quand vous l'avez rencontré sa connaissance du français?

— Jünger a appris le français dans les livres; il en avait toujours un dans sa poche, il lisait beaucoup, des auteurs aberrants, Léon Bloy par exemple : il avait sur lui *Le Salut par les juifs*... Quand je l'ai connu il parlait un français très savoureux mais très inventif; par exemple, un jour qu'il était venu me voir à Saint-Germain, à la lisière de la forêt je lui ai montré des hannetons. Il m'a demandé : « Où sont les petits ânes ? » Avec ça il écrivait un français très châtié.

— Comment vous est-il apparu à ce moment-là ?

— Je connaissais surtout le Jünger mondain, celui que recevait Florence Gould, qui était très ami avec Jouhandeau, avec Léautaud, avec Paulhan. C'est peut-être Paulhan qui l'avait amené là, il était très curieux de lui. C'est dire que tout un aspect de la vie de Jünger m'est resté mystérieux : sa vie allemande, ses amitiés, par exemple avec le peintre Kokoschka ou Joseph Breitbach...

— Jünger était très lié avec Breitbach...

— Il l'appelait « Herkules » dans son journal, de même qu'il appelait sa première femme « Perpetua » — ce qui faisait beaucoup rire Breitbach... Mais je ne crois pas qu'il ait partagé ses goûts, il n'y a chez Jünger rien d'un homosexuel.

« Breitbach était d'une grossièreté étonnante. Par écrit, jamais, mais en paroles il florissait. Ses livres ne sont pas connus en France, peut-être parce qu'il n'a jamais trouvé le traducteur qu'il cherchait...

— Et Gerhard Heller ?

— Je ne l'aimais pas beaucoup. Quand Jünger venait me rendre visite, Heller l'accompagnait et ne le lâchait pas d'un pouce. Jünger se méfiait de lui. Je pense qu'il était chargé de le surveiller, que c'était un agent de la Gestapo...

« Parmi ceux de ses amis allemands que j'ai connus, il y avait surtout le peintre Valentiner. Il était toujours aux arrêts... Il avait un studio boulevard Voltaire, où il passait tout son temps libre à lire des auteurs anglais et américains, et à peindre. J'ai été invité chez lui avec

Jünger pour manger une tarte que sans doute il avait faite lui-même. On l'a envoyé sur le front russe, en représailles de son indiscipline, dans la boucle du Don. Il m'avait demandé : « Mais où est la boucle du Don ? » Il s'y est fait tuer. Sa mort a beaucoup affecté Jünger. Il m'a dit : « C'était des hommes comme lui qu'il nous aurait fallu après la guerre... »

Faust au village

L'entretien se poursuit avec M. Gracq, dans la pièce aux interviews, où sont reléguées les différentes machines — téléphone, télévision — messagères du monde extérieur.

— Ce que l'œuvre de Jünger semble refuser a priori, c'est le goût aujourd'hui si répandu pour le contingent, l'« actualité » au sens le plus journalistique du mot. D'où peut-être le sentiment qu'il donne d'être en exil dans son propre pays...

— Jünger a du monde une vision aristocratique. Il s'agit d'une aristocratie de l'esprit, assez mal perçue par la gauche en général. Et puis, dans un monde où les gens habitent les villes, sa littérature qui n'est pas urbaine le met à part. Visiblement, Jünger n'aime pas la ville, bien qu'il ait habité Berlin un moment. Le fait de s'installer en Haute-Souabe à Wilflingen, un village de trois cents habitants — il me disait que c'était le village le plus éloigné de toute gare en Allemagne —, indique évidemment un goût pour le contact direct avec la terre, celle des animaux et des plantes. Ce goût, faut-il le préciser, n'a rien à voir avec la nostalgie barrésienne de la terre des morts.

« Quand je pense aux romans existentialistes qui florissaient il y a une trentaine d'années, romans entièrement urbains où tout se passe au café et dans la rue, l'œuvre d'un Jünger m'apparaît tout à fait singulière. Cet homme vit en marge de la civilisation moderne des médias qui, j'imagine, ne l'intéresse pas beaucoup.

« Son passé guerrier, qui le rattache à l'Allemagne de Guillaume II, le sépare aussi du public allemand. Songez qu'il est aujourd'hui le dernier titulaire de l'ordre Pour le Mérite, un ordre fondé par Frédéric II et supprimé par Hitler... Jünger symbolise donc la fin de cette épopée militaire étrange que fut la Prusse, et qui dura deux siècles.

« Il est probable qu'une partie des Allemands ne se reconnaît plus dans ses livres, bien qu'à mon avis leur portée soit universelle, notamment pour ce qui touche à la nature. Et même sur le plan politique, celui de l'organisation de la cité, il y a dans *Héliopolis,* par exemple, des aspects tout à fait actuels. Lui-même estime d'ailleurs qu'il trouve plus directement un public en France qu'en Allemagne.

« Il arrive qu'un auteur soit davantage connu à l'étranger, par ses traductions, que dans son propre pays. C'est encore une fois l'exemple de Poe : en France, tous les poètes depuis Baudelaire l'ont adoré, alors qu'en Amérique, on le considérait simplement comme un auteur de contes bizarres. Il en va peut-être de même pour Jünger, encore qu'il ait connu en Allemagne, en particulier avec ses livres de guerre, quelques gros succès de vente.

«Je n'ai pas du tout, en le lisant, ce sentiment d'*archaïsme* que certains Allemands lui reprochent. Tout au contraire, dans certains de ses livres, j'aime beaucoup ce naturel extrême avec lequel il évoque les petits événements quotidiens dans un village de pêcheurs en Sardaigne, à Chypre ou ailleurs : la pêche, la promenade, les bains — et l'entomologie...

«Encore une fois, *Sur les falaises de marbre* est un livre à part. Il l'a écrit d'une manière un peu différente, car l'époque exigeait davantage de recul. D'où le souci de stylisation, qui s'apparente à l'art du vitrail : des contours simplifiés, des couleurs vives et une certaine majesté. Ce n'est pas le cas du reste de l'œuvre, *Chasses subtiles* par exemple, où il est de plain-pied avec notre époque. Non, je ne vois là aucune trace d'archaïsme...

— Parlant de Jünger, Pierre Boutang portait contre *Sur les falaises de marbre* et *Le rivage des Syrtes* la même accusation de nihilisme. Il écrit en particulier : «Les héros de ces livres, lorsqu'ils ne sont pas revenus à l'ordre vivant, parient pour la mort par l'incendie. *Changer la vie,* est-ce que c'est passer de l'autre côté de l'être personnel et historique, vers le néant?»

— Je n'accepte pas cette accusation : Aldo, le personnage central du *Rivage des Syrtes,* crée une catastrophe. Mais ce n'est pas par goût de la destruction pure, il symbolise pour moi une civilisation exténuée, venue à bout de ses moyens et de ses ressources et qui, au contraire, cherche à se régénérer. Aldo fait de ce désir de régénération une interprétation perverse; mais nulle part dans le livre il n'est question de néant, de destruction. Il faudrait lire *Le rivage des Syrtes* à la lumière d'un auteur qui m'a beaucoup intéressé, qui m'intéresse toujours : Spengler, pour qui la fin d'une civilisation est le commencement d'une autre. Mais une certaine ambiguïté demeure, un certain trouble, car les périodes de décadence sont aussi des périodes de naissance. Je voyais le livre de cette manière, et non pas comme une entreprise de destruction systématique.

« De même, je ne décèle dans *Sur les falaises de marbre* aucun goût de ce genre. Se retirer du jeu — et les personnages de Jünger, quelles que soient leurs sympathies, ne prennent aucune part au conflit — n'a rien de nihiliste. D'autant moins que ces personnages ont de puissants recours : les plantes, les animaux, le monde en dehors des hommes... Cette replongée dans l'élément vital compte beaucoup pour Jünger...

— Mais peut-être faudrait-il alors revenir au sens premier du mot nihilisme : dans le latin des botanistes, *nihil, ne hilum,* c'est l'absence de ce point, *hilum,* par où la sève parvient à la fleur. N'est-ce pas, si on l'entend ainsi, l'époque elle-même qui est nihiliste ?

— Oui, c'est là une des difficultés de notre époque, les raisons de vivre y sont un peu défaillantes... Jünger en est parfaitement conscient. Désormais il s'est retiré de l'action, après y avoir été longtemps mêlé, et se cantonne dans son rôle d'observateur, de *contemplateur*...

« Ce genre d'attitude se retrouve chez certains contemporains, comme Cioran, qu'on a qualifié un peu vite de nihiliste. En réalité, il est pessimiste, ce qui n'est pas la même chose. Pour Jünger, je ne parlerai pas de pessimisme, je n'en sais rien ; je crois même que pour lui la question ne se pose pas. Il est à l'aise avec la vie...

«Un fils de la terre»

Jünger parle volontiers du plus fameux de ses traducteurs. Nous lui avions apporté cet article d'un journal sur Henri Thomas, «qui est le seul à ne pas savoir qu'il est un grand écrivain…».

— Il y a tout un aspect de Jünger qu'on ne connaît pas ou qu'on ne veut pas connaître : son extrême délicatesse, sa tendresse remarquable envers les phénomènes humains. Ce n'est pas du tout un homme dur : il a été secoué par la vie de toutes les façons. La mort de son fils Ernstel, qui a été tué sur les falaises de marbre de Carrare, a été pour lui un deuil immense. Je me souviens qu'à cette époque il a traversé une sorte de mysticisme… Il avait été aussi envoyé sur le front russe, il en avait rapporté des souvenirs épouvantables.

Dans son journal, il est d'une parfaite gentillesse à l'égard de ses amis : il n'arrive à dire du mal de personne, pas même de gens dont il en pense… Si, il y a des exceptions : par exemple Céline, il dit «l'affreux Céline», de même qu'il disait «le hideux *Ça ira…*».

Jünger a trempé dans la conjuration des généraux, dont aucun n'a parlé de lui — autrement on l'aurait fusillé. Il y eut une grandeur d'âme réelle chez ces gens-là. C'était la vraie résistance. Ils risquaient leur peau… De même Choltitz, qui a empêché la destruction de Paris qu'Hitler avait ordonnée. Jünger avait pour lui beaucoup d'estime.

— Certains ont voulu faire de Jünger un suppôt du

nazisme et même, comme Heinrich Mann, un intime d'Hitler et son compagnon de beuverie...

— C'était d'autant plus absurde qu'Hitler ne buvait pas et que Jünger, qui n'avait aucune sympathie pour lui, a toujours évité de le rencontrer. Il m'a dit l'avoir aperçu de loin, une seule fois, à Godesberg, où avait lieu une conférence avec Daladier et le ministre britannique. Hitler descendait la passerelle de son avion au pied de laquelle l'attendait une petite fille portant un bouquet. Il est passé à côté de la petite fille en criant : « Cliché ! » et s'est tourné vers le photographe...

Non seulement Hitler ne buvait pas mais — Jünger qui le tenait de témoins directs me l'a raconté — il prenait pendant ses repas quantité de médicaments, avec quoi il se soutenait. Il se sentait menacé... Ce qui a sauvé Jünger, ce qui l'a rendu en quelque sorte intouchable durant le IIIe Reich, c'est le respect qu'Hitler lui portait : pour avoir lui-même été soldat, et blessé deux fois, il était très impressionné par les faits d'armes qui avaient valu à Jünger sa croix Pour le Mérite. L'héroïsme de ses anciens compagnons de tranchées lui en imposait. C'est ainsi : ce monstre avait des côtés généreux...

— Vous avez traduit Goethe, Stifter, Jünger, et les trois sont des naturalistes...

— Oui, ce sont des amoureux de la terre... Stifter agaçait Jünger par ses atermoiements, son côté suicidaire : il est évidemment très loin de lui, c'est une autre Allemagne. Jünger admirait cependant le Stifter géologue, l'auteur de *Pierres de couleurs.* J'ai appelé Jünger un « fils de la terre » : une curiosité à la fois scientifique et littéraire est assez fréquente en Allemagne. Ce n'est pas le cas en France, et on chercherait vainement chez Flaubert, par exemple, un double intérêt analogue. Peut-être chez Gide, et encore, il n'en a pas laissé beaucoup de traces écrites. Goethe, au contraire, se passionnait pour l'évolution des formes. J'ai visité la maison où il est mort. Dans le bureau près de sa chambre une coupelle contenait des graines ; il attendait qu'elles éclosent. Il est mort avant. Il y avait là une loupe et des graines — j'ai senti cet amour extraordinaire de la vie que partage aussi Jünger.

« J'ai trouvé deux vers de Goethe admirables, d'ailleurs très près de Jünger, où il dit : « La plus grande joie des enfants de la terre (c'est-à-dire des humains) ce doit être la personnalité. » C'est très mystérieux de la part de Goethe : qu'entendait-il par personnalité ? Plus que la personne... C'est une sentence qui est très jüngerienne.

— Dans les *Jeux africains,* Jünger parle du « sentiment joyeux qui s'empare de nous lorsque nous découvrons un homme... ».

— Oui, en effet, je me souviens... c'est une joie goethéenne, que l'on trouve souvent dans ses œuvres. *Le cœur aventureux* par exemple en est plein. C'est un livre étrange, et qui m'a beaucoup plu — le plus romantique de Jünger, mais d'un romantisme moderne qui englobe la technique. J'ai eu beaucoup de difficultés pour le traduire.

« Sur beaucoup de points Jünger est proche de Goethe. D'ailleurs vous savez ce que disaient les instructeurs hitlériens : « Goethe est le plus grand écrivain français. Après, c'est Jünger... » C'est pourquoi il fallait le fusiller...

« Il y a échappé en devenant un réfugié de l'intérieur.

Il n'a jamais voulu renier l'Allemagne, ni fuir en Amérique comme Thomas Mann. Il y a chez lui un amour profond de son pays, un patriotisme qui n'est pas du tout truqué. Les Allemands, je ne sais pourquoi, ne l'ont pas toujours compris : ils n'ont pas reconnu immédiatement en lui leur plus grand écrivain — pourtant ils lui ont donné le prix Goethe...

« Sa curiosité entomologique est vraiment extraordinaire. Elle s'étend beaucoup plus loin que les insectes, comme on le voit par exemple dans un de ses écrits qui m'ont le plus frappé : *Louange des voyelles, Lob der Vokale,* qui est très subtil et très vrai.

— On connaît aussi à travers son journal le goût qu'il a pour les personnalités singulières, les originaux — Léautaud en est le meilleur exemple ; et pourtant, on s'étonne que des caractères aussi dissemblables aient pu se rencontrer...

— De la part de Léautaud il y avait un peu de provocation : il voyait en Jünger l'Allemand, le « capitaine Jünger » comme il l'appelle toujours dans son journal. Il aurait voulu le voir en uniforme, mais il ne l'a jamais vu... Il avait en outre beaucoup de respect pour son honnêteté. Jünger ne faisait jamais le capitan, ne posait jamais au héros. Il était d'une espèce de modestie étonnante...

« J'aurais beaucoup aimé le revoir, mais cela ne fait plus partie des choses possibles. Il est vraiment vieux maintenant, il paraît que c'est effrayant comme il se porte bien. Je souhaite que ça continue, parce que c'est dur...

Propos élyséens

Le balcon donne sur des pelouses et, plus bas, on devine un jet d'eau corrigé par un décorateur. De l'autre côté, dans la cour d'honneur du palais, les orangers en caisse portent des oranges. Ici les dorures Pompadour abritent un mobilier postmoderne exigé par une mappemonde en verre aux fuseaux horaires coloriés et la maquette de la Très Grande Bibliothèque. Le bureau présidentiel repose sur les lys de France et la croix du Saint-Esprit qui ornent un tapis des Gobelins dont la devise effacée par le piétinement ne permet plus de lire qu'*impar.*

— Monsieur le président de la République, à plusieurs reprises vous avez témoigné à Ernst Jünger un intérêt officiel : vous lui avez rendu visite avec le chancelier Kohl chez lui à Wilflingen, vous l'avez reçu au palais de l'Élysée. Que signifient ces marques d'attention ?

— Elles n'ont aucun caractère officiel, et pas d'autre signification que l'intérêt que je porte depuis longtemps à un homme et à un écrivain. Comme j'avais souhaité rencontrer Ernst Jünger, le chancelier Kohl a répondu à ma curiosité en me conduisant dans le village où il habite, en Souabe. Je l'ai revu ensuite à Verdun au cours des cérémonies très importantes qui ont marqué, je le crois, un moment décisif du rapprochement franco-allemand ; puis je l'ai reçu à Paris.

— Ne peut-on craindre que l'intérêt que lui porte le président de la République n'ajoute aux contresens nombreux qui environnent son personnage ?

— Quels contresens ? Dites-moi...

— Jünger est fort discuté en France comme en Allemagne et d'aucuns auront été surpris par ces marques d'intérêt : Günther Grass, par exemple, l'a fort mal pris, il l'a écrit et publié...

— Oui, je sais, on me l'a dit. Ce sont là j'imagine des querelles d'écrivains... J'ai eu aussi grand plaisir à connaître Günther Grass — peut-être Ernst Jünger en a-t-il éprouvé du mécontentement...

« Je sais bien que la situation d'Ernst Jünger en France pendant la guerre a ému certains de mes amis, en particulier de la Résistance. Mais outre qu'il n'a jamais été un homme engagé, son intérêt pour la France a souvent été manifeste : il n'y avait donc pas d'empêchement majeur à ce que je lui témoigne une certaine sympathie. J'en ai beaucoup parlé avec Jules Roy qui m'a accompagné chez lui la première fois. Jules Roy est un bon témoin.

— La dernière fois que vous l'avez rencontré c'était le 20 juillet...

— Oui, c'était en effet l'anniversaire de l'attentat contre Hitler. C'est un hasard, mais un hasard particulièrement intelligent qui m'a conduit ce jour-là dans ce village, en face du château où Stauffenberg a passé une partie de son enfance. J'ai pu de ce fait recueillir des témoignages directs sur cet événement d'une portée considérable.

— Le chancelier Kohl a déclaré qu'en rendant visite à Ernst Jünger ce jour-là, l'Allemagne à travers sa personne rendait hommage à ceux qui chez elle avaient su résister au nazisme...

— C'est le chancelier Kohl qui l'a dit. Ce qui est certain c'est que ce 20 juillet-là, j'ai beaucoup parlé avec lui des acteurs principaux de cet attentat — des hommes et des femmes généralement venus de Prusse —, de leur sort atroce en même temps que du mérite qui fut le leur en relevant le défi, en montrant que l'idéal de la civilisation allemande n'avait pas été effacé par les atrocités du nazisme…

— Y a-t-il un rapport entre l'admiration qu'on vous connaît pour l'œuvre de Julien Gracq et l'intérêt que vous témoignez à celle d'Ernst Jünger ?

— Je n'avais jamais songé à faire ce rapprochement. À la réflexion, il me semble qu'il y a là en effet une façon d'aborder l'écriture qui n'est pas sans ressemblance, une démarche intellectuelle et stylistique qui relève de la même famille. Ils ont vécu la même époque, comme moi, mais ils l'ont exprimée, plus que moi…

Des lépidoptères

Jünger a été l'hôte à déjeuner du président de la République en 1985. Henri Thomas était invité lui aussi, et Jünger se souvient encore avec effroi qu'il ne portait pas de cravate…

— J'ai eu tout d'abord l'impression que je n'étais que le traducteur de Jünger, ce qui me gênait un peu ; mais le président m'a fait un compliment unique, que personne ne m'a fait, et que je ne répéterai pas… À un moment un papillon a volé dans la salle à manger. J'ai dit à Jünger : « Un lépidoptère ! » Il m'a repris : « Non, un papillon… »

Mitterrand a fait une petite gaffe. Il a demandé à

Jünger s'il écrivait toujours. Jünger a sursauté : « Mais naturellement ! », puis il s'est tu, et ensuite il a laissé tomber : « J'en ai vu passer, des régimes… »

Il a été passionné par le récit que le président nous a fait du coup d'État de Louis Napoléon, et dans les lieux mêmes où il s'est déroulé ; il nous a montré les portes par où les invités sont partis, la pièce où les conjurés, Morny et les autres, se tenaient… Puis il nous a montré l'acte d'abdication de Napoléon, qui est postérieur à Waterloo, car au moment de Waterloo il était encore au pouvoir. Mitterrand nous l'a lu, jusqu'à la signature : « Napoléon empereur. » La foule le réclamait, mais lui ne voulait plus… « J'ai encore trois cent mille soldats qui n'ont pas tiré un seul coup de fusil… mais je ne veux plus ensanglanter la France. » Il y a là une vraie grandeur. Jünger était tout attention. Il a d'ailleurs trouvé que je n'étais pas « correct » — c'est vrai, je n'étais pas bien vêtu. Mais le mot « correct » m'a paru allemand du coup, *korrekt* avec un *k*…

Surréalisme

Jünger s'est laissé aller à dire que du premier *Cœur aventureux* au second, soit de 1929 à 1938, il était passé d'une vision du monde « expressionniste » à une vision « surréaliste ». On vit alors des critiques publier que, de son propre aveu, Jünger avait été surréaliste. Curieux contresens, plus curieuse encore abdication de son office. Un auteur peut soutenir ce qu'il veut, et qualifier comme il l'entend ses œuvres antérieures ; ses raisons particulières n'ont pas à être aveuglément adoptées, et répétées, par les critiques, que leur discipline même assujettit à plus de rigueur. Surtout quand ces critiques sont parisiens : c'est alors qu'ils devraient se rappeler que le surréalisme est d'invention et de définition françaises, et aller voir de plus près si le second *Cœur aventureux* obéit aux critères qu'André Breton a dégagé, dans ses différents règlements de police. Il suffit de lire en parallèle le *Cœur aventureux* et les *Manifestes du surréalisme* pour comprendre que, quoi qu'en ait pensé Jünger lui-même (lequel est sans doute un lecteur de Breton bien négligent), on se trouve en face de deux attitudes, littéraire et spirituelle, irréductibles l'une à l'autre.

Quand Breton exige « la descente vertigineuse en nous, l'illumination systématique des lieux cachés et l'obscurcissement progressif des autres lieux, la promenade perpétuelle en pleine zone interdite », on peut supposer que cette « descente » et cette « promenade » intéresseront Jünger, encore que « l'obscurcissement progressif des autres lieux » ne soit guère de sa méthode. Quand il écrit de son côté : « C'est ici la patrie de l'imprévu, des fantaisies de la nuit, délices de l'esprit qui les contemple sans bouger, comme d'une loge solitaire, mais non sans péril », il préfère à la condition de « promeneur perpétuel » celle de contemplateur solitaire, qui ne s'expose jamais par gratuite provocation.

*

Il y a beaucoup de gratuité et une immaturité de potache dans ces définitions surréalistes en forme d'oukases : « (L'homme doit) s'appartenir tout entier, c'est-à-dire maintenir à l'état anarchique la bande chaque jour plus redoutable de ses désirs. » (Il faut beaucoup d'acné juvénile pour oser rendre publiques de telles propositions, et beaucoup de mépris à l'égard du jugement de ses contemporains pour les maintenir l'âge et la gloire venus. Mais tout va à la « littérature », et tout s'y perd et les « promeneurs des zones interdites » finissent dans la Pléiade, comme tout le monde.)

Ailleurs, Breton enfonce le clou : « Le surréalisme a partie liée avec le désespoir, la peur, et autres variétés d'herbes folles qui doivent avoir raison de tout. » On ne peut être plus totalement aux antipodes de Jünger, qui décrit dans *Le cœur aventureux* la méthode de son maître Nigromontanus comme « l'art de la suprême maîtrise de la vie, avec l'éternel pour but ». Il s'agit d'atteindre « le suprême degré de lucidité où l'individu se contemple lui-même à distance ». Affronter les ténèbres et le péril, Jünger ne s'y est jamais refusé, dans la réalité et non pas dans les livres, à condition toutefois qu'il ne s'agisse pas de s'y laisser prendre, encore moins de s'y abandonner. C'est la vocation de l'artiste de dominer le chaos par la forme et la mesure, lesquelles se trouvent tout d'abord dans son regard : « (Dans la vision panoramique), les perspectives changent en une ronde toujours nouvelle, cependant que l'œil les saisit avec un bonheur toujours égal, sans jamais se perdre dans la confusion de l'incohérence, dans l'étroit ou le saugrenu. » Question de méthode, pour Jünger, et au-delà question d'orientation de l'être. Il s'agit de préserver en toutes circonstances la liberté et la souveraineté de l'esprit : « Qui veut réellement travailler de nos jours, c'est-à-dire pénétrer dans la zone de la pensée où rien n'est acquis, doit d'abord, et pour toutes ses facultés, s'assurer de l'outil.» Plus loin, il note qu'«à ce stade où des forces nouvelles entrent en jeu sous de singuliers déguisements (...), l'esprit assume une croissante responsabilité, comme il arrive en tout crépuscule. Il n'a plus le droit de s'en remettre aux seuls contrôles que la science lui offre. Pour lui, le mot d'ordre, en un sens tout particulier, c'est : s'éveiller et tenir bon». Au même moment, Breton fanfaronne : «Le surréalisme n'a pas craint de se faire un dogme de la révolte absolue, de l'insoumission totale, du sabotage en règle, et qu'il n'attende encore rien que de la violence.» Entre le souci jüngerien de «s'assurer de l'outil», préalable à tout travail et à tout œuvre, et le «dogme» surréaliste de «sabotage en règle», les critiques de tout à l'heure découvriront peut-être des convergences insoupçonnables.

*

Le surréalisme se présente comme une théologie à rebours; il en appelle à une «grâce» qu'il «persiste en tout point à opposer à la grâce divine». Le diable hausse les épaules devant de tels enfantillages. On se demande si tous ces mots recouvrent pour leur auteur une bien précise expérience de la réalité — ou de la surréalité; genre de questions qui se pose rarement quand on lit Jünger. Le surréalisme est une drogue, ne cesse de répéter Breton, un «vice nouveau» dont on ne peut se guérir à volonté. Pour le surréalisme l'image est un stupéfiant. On est là encore aussi loin que possible de la poétique de Jünger : non seulement la conscience n'est pas pour lui un piège à éviter ou un obstacle à franchir, mais c'est l'instrument par excellence grâce auquel toute poésie est possible : « Notre conscience nous accompagne ainsi qu'une sphère de verre, ou plutôt ainsi qu'un halo dont nous sommes le centre. Les belles images pénètrent dans ce halo et subissent comme une réfraction... Ces hautes épousailles avec le monde et cet engendrement sont parmi les joies les plus exquises que nous puissions trouver. »

Approches, drogues et ivresse : loin d'user du langage comme d'un stupéfiant, Jünger cherchera toujours, à l'inverse, à user des stupéfiants comme de nouvelles clefs donnant accès à des régions plus secrètes de la réalité : « Les dissonances de notre monde si beau m'ont souvent attiré comme des portiques barrés de grilles qui mèneraient aux cercles des harmonies supérieures, et (...) le danger alors me semblait un droit de péage justifié. »

Nul égarement voulu, provoqué, délibéré chez Jünger ; nulle promenade dans le train fantôme à la recherche frissonnante d'un minotaure de cotillon. « Nous étions de ceux qui s'égarent, écrit-il au début du *Cœur aventureux*, parce que les dons de la force les enivrent comme un vin. » Ces dons-là préexistent à toute doctrine littéraire ; aucune ne saurait en tenir lieu et si l'on reconnaît l'arbre à ses fruits, on regrettera pour lui que le surréalisme bretonnant n'ait produit aucune œuvre qui, munie de toutes ses précisions dogmatiques, eût été assez *aventureuse* pour éclipser un livre comme celui de Jünger, dépourvu quant à lui de toute intention démonstrative...

« Ce jeune homme deviendra l'un des plus purs écrivains de la France » : Goethe coupait court aux pointilleries critiques d'Eckermann lisant la traduction de *Faust*, et rétablissait du même coup les préséances. La littérature est faite par les Eckermann avec ce que leur abandonnent les Goethe et les Nerval. Quand Gérard fut retrouvé pendu, Jules Janin déplia son mouchoir de cérémonie : « Il s'est tué, cet ami de nos jeunes années, ce compagnon charmant de nos travaux de chaque jour, ce rêveur tout éveillé dont on n'a jamais vu que la bienveillance et le sourire, etc. » Tuez-vous donc, poètes, il se trouvera toujours un Jules Janin pour s'attendrir sur votre sort dans quelque *Figaro*... C'est l'usage des journaux, paraît-il, qui s'est même perfectionné depuis lors : connaissez-vous un « grand auteur », on vous propose de rédiger par avance un article nécrologique. « Vous qui l'avez rencontré... un portrait au naturel, son visage de tous les jours, en quelque sorte... près de nos lecteurs. » « Nos lecteurs » sont friands de « viande froide », c'est le nom galant que l'on donne à ce genre de procédé. « Les champignons aiment l'ombre, la pourriture et la mort. » Mais à quoi bon s'attarder à ces mœurs de sous-bois, s'inquiéter plus qu'il ne faut de ces moisissures ?

Le journalisme ou la vaine parole, le système de bavardage appliqué à la littérature donne une assez facile abjection. Il s'agit de parler pour deux, comme le barbier de Séville tandis qu'il vous pince le nez et vous applique le rasoir. Puisqu'ils écrivent, ils se croient écrivains et traitent de Turc à More les plus purs génies de nos lettres. Ô Gérard ! « rêveur tout éveillé », « compagnon charmant » de M. Janin, mort une nuit d'hiver à la porte d'un garni dont on lui refusait l'entrée. « Gérard de Nerval n'était pas un homme à s'inquiéter de si peu que de manquer de tout » — c'est le bonhomme Hetzel qui le dit, qui ne s'inquiétait qu'à propos. Le promeneur somnambule du Luxembourg, le doux lunatique causant avec les poissons rouges de la reine de Saba ou du trésor des Médicis, Pierre Larousse en fait de son côté une touchante vignette, un personnage de Nodier entre féerie et cabanon. Le prince d'Aquitaine est armé de carton par ses contemporains, les gens qui s'attendrissent. Il n'y a guère qu'Asselineau pour se demander si « Gérard mourant, ce n'est pas la littérature artiste, la littérature inspirée et dévote à elle-même, qui se confirme impuissante à vivre en face du mercantilisme littéraire et de la loi de la production forcée ». La rue de la Vieille-Lanterne a été rasée par Haussmann ; à sa place on a construit le théâtre Sarah-Bernhardt, Gérard de Nerval est mort dans le trou du souffleur, c'est une plaque de cuivre qui le dit.

On a déposé non loin de là sur l'herbe un grand galet marqué des deux quatrains du *Desdichado* — au pied de la tour Saint-Jacques-la-Boucherie, où Pascal s'exerçait au vide, la même année qu'une nuit d'août le coadjuteur Gondi y venait retrouver le mendiant de Saint-Eustache, ce M. Bonacieux qui a perdu son nom à la Bastille, avec son ridicule et peut-être son âme, qui ne sait plus que se taire et souffler des chandelles aux fenêtres pour jeter Paris dans les barricades. Nicolas Flamel, que n'a pas inventé Dumas, est enterré dans l'église abolie dont la tour était le clocher ; on dit qu'il cuisait de l'or dans sa maison, à deux pas des pèlerins à la coquille qui se rassemblaient là pour les Espagnes.

«La fée célèbre de ce rivage...»

«La fée célèbre de ce rivage» — et l'apostrophe de Nerval lui sied à merveille — s'appelle Annette. (Il arrive encore à Giraudoux, comme il arrivait aux contemporains, de n'appeler Nerval que «Gérard» tout court, comme on dit «Théophile» ou «Tristan» : non peut-être nos plus grands poètes mais les plus désarmés, comme si la déchirante infortune qui s'attache à leurs pas nous autorisait à ce prénom seul. Il est vrai que l'on dit aussi «Jean-Jacques» et «René», tant le romantisme se distingue mal en France de son exploitation par lui-même.) Annette, donc, ou plutôt la baronne Anna-Elisabeth von Droste-Hülshoff, «notre Annette», tranche Jünger, qui lui trouve des affinités avec Maurice de Guérin.

Elle s'est installée dans le château de Meersburg en 1841, à l'invitation de son beau-frère, un vieil érudit suisse, qui venait de l'acquérir. C'est là qu'elle a écrit ses plus beaux poèmes; et puis qu'elle est morte, en 1848, à cinquante et un ans.

Dans un château je niche, sur la montagne
Au-dessous de moi le lac bleu. (Le Vieux Château[1]*.)*

1. *Auf der Burg haus' ich am Berge,*
Unter mir der blaue See (Das alte Schloß.)

Elle s'est moquée gentiment de ce «romantisme de château», de ces «décombres sans pitié» où le promeneur distrait est toujours en grand péril de se rompre «les membres et le cou» :

Un coffre blasonné et des armures de fer
Sont mon sofa et ma garde-robe[1].

Elle n'a pour compagnons de chambre, *Stubenkameraden,* que d'«antiques portraits d'ancêtres» : ils auront dû s'accommoder de cette «ménade» — c'est elle-même qui se nomme ainsi — et supporter qu'elle trouble leur antiquité prosaïque en composant à leur barbe quelques-uns des plus beaux vers du lyrisme allemand : *Fels, Wald und See* («Roc, forêt, lac») et les *Heidebilder* («Tableaux de la lande») où elle se rappelait la Westphalie de son enfance.

Aujourd'hui, grâce à elle, les ancêtres sont visités. Jünger y est souvent venu, en voisin, un jour avec son frère Friedrich Georg :

— Tout à coup je me retourne, il avait disparu. Je reviens sur mes pas jusqu'à la chambre d'Annette où je le trouve, étendu sur le lit, les yeux clos. «Que fais-tu là ? — Je m'inspire... »

1. *Wappentruh und Eisenschilder*
Sofa mir und Kleiderladen. (Ibid.)

Encore Annette

Meersburg am Bodensee où nous arrivons à la nuit close. 21 mars : le calendrier fête saint Printemps. La vieille ville, à la mode du jour, est piétonne : on laisse sa voiture à la porte comme une nécessité un peu incongrue et le tourisme, la culture, l'Histoire nous rendent pour quelques heures un habit de civilisés. C'est le jeu, qui n'est pas sans agrément ni toutefois une secrète amertume : ce n'est qu'un jeu ; avec les voitures, un autre monde sans mémoire ni relâche nous attend à la porte carrée.

La petite ville est en pente jusqu'au lac, où se termine d'ailleurs la rue principale. (Deux hommes-grenouilles allaient plus avant, sondant avec précaution l'obscurité de leurs lampes-torches, sous l'incessant babil d'une petite fille, les jambes ballantes au haut du parapet.)

C'est peut-être la *fée des eaux* qui se déguise, l'antique génie du lieu dont Annette invoquait et déplorait en même temps la fidélité.

Ne sais-tu que retenir, ne lâches-tu jamais ta proie ?
La fidélité descendue des montagnes
S'est-elle réfugiée dans tes saintes profondeurs[1] *?*

Qui sait, hormis Annette, comment les fées entendent d'être fidèles, et à quel prix pour nous autres ? Téméraires hommes-grenouilles...

1. *Hältst nur umschlungen, läßt nimmer los ?*
Hat sich aus dem Gebirge die Treu
Geflüchtet in deinen heiligen Schoß ? (Am Bodensee.)

Le «château romantique» de l'excellent beau-frère M. de Laßberg est à mi-pente. La plus ancienne partie des bâtiments remonte, dit-on, à Dagobert; devant la poterne, au sommet d'une colonne, un ours de pierre — à ce qui nous a semblé, mais il faisait nuit — supporte un blason. Nous avons sacrifié au génie du lac, dans une *Weinstube* renfoncée à trois pas de l'ours, en commandant un *Felchen,* intraduisible cousin de la féra du Léman; on nous l'a servi avec une doucette au sable et un vin blanc du cru, fort sympathique à boire et à manger (mais nous n'avions plus faim pour goûter au dépôt). L'hôtesse nous a reconduits avec un sonore *Gute Verbesserung!*, un «prompt rétablissement!» où nous n'avons voulu voir qu'une salutation locale.

Et une nuit paisible! Et ne vous levez pas trop tôt!
C'est le bonsoir des joyeux Souabes. (La guinguette au bord du lac[1]*.)*

Les vers d'Annette sont notre sauvegarde.

Toujours Annette

Meersburg sous la pluie de printemps. La vue sur le lac est ici le principal critère qui distingue les *hôtels hôtels,* où descendent les touristes à l'américaine, des

1. *«Geruh'ge Nacht — stehn's nit zu zeitig auf!»*
Das ist der lust'gen Schwaben Abendsegen. (Die Schenke am See.)

simples *hôtels pensions,* qui regardent ailleurs. Ce matin les touristes en sont pour leurs frais : le lac se dérobe et le *Seesicht* annoncé n'est plus qu'une vue de l'esprit.

Les touristes mis à part, et ils le sont vite, passé les *hôtels hôtels* où ils se morfondent en attendant que le temps se dégage, la ville n'est pas longue à se souvenir de ses vignes et de ses jardins. Une rue aveugle, bordée de chatons de saule et de forsythias en fleur, se perd bientôt en chemin de campagne, il est vrai irréprochablement peigné.

Nos pas nous conduisent au lac — où ici tout ramène. La pluie cesse; dans la vieille ville, les cloches se répondent à la volée. Meersburg, « le château du lac » : on ne saurait mieux résumer d'un nom ce qui fut la destinée d'Annette, sa prison et son paradis, mais un paradis toujours regardé du haut de sa tour, noblesse oblige; oblige plus simplement l'humaine condition. Une âme de « ménade » — encore une fois, le mot est d'elle-même — se renfermait sous la frêle apparence, si bien mise et si délicate, de Mlle de Droste-Huelshoff. Nul, hors de ses vers, n'aura connu ses souffrances, et la violence extrême qu'elle étouffait contre soi, jusqu'au désespoir, la mortelle tentation déjouée ou tenue en respect par le chant. Ses accents ne sont pas sans rappeler ceux d'autres *ménades,* ses sœurs en poésie et secrète infortune, Gabriela Mistral ou Marina Tsvetaïeva, ou encore Emily Dickinson, ou notre Marie Noël[1]. Du haut de sa tour elle envie le vent auquel, seule marque permise ou possible d'affranchissement, elle abandonne un moment ses cheveux; elle envie les vagues, les mouettes, les bateaux qu'elle voit, et les

1. ... et même la *berühmte Gräffin von Noailles* n'est pas si loin du chœur que ne voudrait parfois nous le faire accroire son faste byzantin...

libres chasseurs et les soldats qu'elle imagine, et même les hommes en général :

> *Que ne suis-je un homme à tout le moins;*
> *Alors le ciel me conseillerait*[1]*...*

au lieu de quoi

> *Il me faut rester là, bien mise et sereine,*
> *Tout comme un enfant sage,*
> *Et je n'ose qu'en secret dénouer mes cheveux*
> *Et les laisser flotter au vent*[2]*...*

*

Le lac est un modèle de terrible fidélité au secret qu'il garde, mais Annette, on l'a vu, avait appris à se défier de «l'antique fée des eaux» et de ses charmes. *Lac de constance,* lac entendu cette fois dans le vieux sens de piège : que si «poésie, c'est délivrance», alors il y a un usage droit, et pour finir victorieux, de l'art des vers, et si le poète

> *plie son rythme au murmure de tes flots*[3]

c'est aussi pour se défaire de leur fascination.

1. *Wär ich ein Mann doch mindestens nur,*
   So würde der Himmel mir raten. (Am Turme.)
2. *Nun muß ich sitzen so fein und klar,*
   Gleich einem artigen Kinde,
   Und darf nur heimlich lösen mein Haar
   Und lassen es flattern im Winde! (Am Turme.)
3. *Das Metrum geplätschert in deiner Flut (Am Bodensee.)*

*

« Il me semble que si je pouvais te voir ne fût-ce que deux minutes par jour — mon Dieu, fût-ce en un éclair ! — je chanterais à faire bondir les saumons hors du lac et les mouettes viendraient se poser sur mes épaules. » Annette écrivait ainsi à son « petit cheval » : le fils d'une amie qu'elle avait recueilli quand il avait seize ans, elle, trente-trois. Douze années durant, elle vécut de cette tendresse à peine avouée ; son beau-frère, M. de Laßberg, avait engagé le jeune homme comme bibliothécaire, pour ne point le séparer d'elle. Puis un jour le protégé se fiança, et partit ; c'est alors qu'elle en appela aux saumons et aux mouettes, mais le « petit cheval » prit peur. Il la déçut, puisqu'il devait la décevoir ; à elle, il restait à écrire, puis à mourir, six ans plus tard, au bout de plusieurs crises d'hémoptysie. Elle repose maintenant au cimetière de Meersburg.

Orages de salon

Les bords du lac sont propices à des enchantements divers. Franz Anton Mesmer, par exemple, le voisin de sépulture d'Annette, qui transit les cours d'Europe avec son baquet magnétique. Curieux baptême pour le monde nouveau conçu dans les salons des duchesses à philosophes. Ce siècle dit des Lumières avait toutes les complaisances pour l'agitation des esprits, ceux qui frappent et ceux qui sont frappés ; jamais on ne s'intéressa avec moins de discernement aux formes les plus mêlées des anciens arts secrets. Les vestiges pris à contresens permettaient toutes les impostures, l'ennui, le goût de la nouveauté et celui du sensationnel lèveront les derniers scrupules. C'est ainsi qu'apparurent le comte de Saint-Germain, Cagliostro, Mesmer et combien d'autres plus menus seigneurs, comme ce « Coucoumous ou Kukumus, d'une famille originaire de la Souabe ». C'est le prince de Carolath, alias *Equus a Cygno Triumphante,* haut dignitaire franc-maçon, qui présente l'individu dans une lettre de 1781 : « (Il) passa successivement dans presque tous les services de l'Allemagne, tantôt dans le militaire, tantôt dans le civil, il se fit admirer par ses talents, mais aussi, en même temps, mépriser par son inconstance et sa mauvaise conduite. Il était chambellan du duc de Wurtemberg. » Ce chevalier d'industrie, méchant drôle et sorcier d'occasion, est un personnage typique du temps. Il serait frivole et dangereux de ne voir là qu'imposture et fantasmagories. Quoique de nature douteuse et de portée limitée, les pouvoirs de ce Coucoumous sont bien réels. « Par de certains caractères, poursuit le prince de Carolath — caractères qui, cependant, n'étaient pas les véritables— et des fumigations, il citait des esprits, des revenants... On assure même qu'il avait une espèce de foudre à sa commande. » Ces orages de salon étaient bien propres à émouvoir un public si sensible aux phénomènes, au sens forain du mot. Tels sont les maîtres de l'époque, dont ils étonnent l'imagination et dirigent les rêves. Leur doctrine répond plus ou moins bien de leur pratique, plutôt moins bien : rien là que de morcelé et d'hétéroclite, la spéculation est chez eux toujours empoissée de basse magie et l'on sait ou l'on devrait savoir qu'en ce domaine subtil, la volonté de puissance est une intention rédhibitoire. Les «pouvoirs» que d'aucuns recherchent par ces moyens s'obtiennent quelquefois, mais ils sont ruineux. Ces mages foudroyants s'agitent donc beaucoup, théorisent, professent, brouillent les pistes entre de prétendus rose-croix, les Illuminés de Bavière ou ce qu'il en reste et la franc-maçonnerie d'alors, en quête de sa plus ancienne mémoire. Coucoumous de Souabe a de nombreux confrères, tous envoyés soi-disant fidèles de Supérieurs Inconnus qui les remercieront comme il se devra : un Valmont par exemple, cousin réel et ignoré du personnage de Laclos, ou encore ce Schöpfer, grand invocateur d'esprits devenu limonadier à Leipsick, peut-être pour tourner le dos à ses «opérations pneumatologiques» qui le poursuivaient (il se suicidera à trente-cinq ans).

*

Le jeune René Guénon s'est beaucoup intéressé à ces silhouettes ambiguës. Quoiqu'il n'en parle qu'à demi-mot, il en a pris l'exacte mesure. La connaissance de ce qu'on appelle «ésotérisme», d'un nom bien lourd à employer, suppose traversés tous ces domaines inférieurs — la traversée valant découverte et domination. Guénon serait-il pour autant le Nigromontanus de Jünger, ce maître énigmatique dont la figure voilée hante ses «notes prises la nuit» et ses œuvres les plus secrètes, comme sa *Visite à Godenholm* ? C'est du moins ce qu'affirme un critique français, qui l'aurait même fait dire à Jünger. C'est aller trop vite en besogne, comme cet autre critique, italien celui-là, qui énumère Guénon parmi les hôtes illustres de Wilflingen. Là encore, Jünger laisse dire, sourit, confirme même si l'on y tient. C'est dans l'ordre de ces choses, et c'est assez pour la critique qui devra, si elle insiste, se contenter d'une mise au point de Guénon : « Il se trouve justement que (l'Allemagne) est un des rares pays où nous n'ayons aucune relation. »

*

C'est en Allemagne que revint Mesmer, chassé de toutes les cours d'Europe, à bout d'intrigues et de « pouvoirs », pour s'ensevelir à Meersburg. Il a décoré sa tombe de tout un catalogue de symboles hermétiques, mangés par le lierre, sauf une boussole qui indique le ciel.

Cicindeliana

Il pleut, sur le lac de Constance, et tout au long de la vallée du Danube (on ose à peine donner ce si grand nom à un encore si petit fleuve) ; il pleut à Meersburg, à Überlingen, à Meßkirch ; à Sigmaringen, ci-devant « siège provisoire de l'État français », à Riedlingen et à Wilflingen enfin, comme pour fêter le printemps né d'hier.

La route est éclairée par les forsythias. À Wilflingen le soleil passe entre les gouttes — un après-midi d'arc-en-ciel.

Pas âme qui vive près de la Grande Foresterie ; deux

crocus jaunes poussent devant le perron. Jünger aura quatre-vingt-seize ans dans une semaine, le 29 mars, fête de saint Rananiel, Vertu, l'ange des plantes et des animaux selon le calendrier angélique.

*

Nous arrivons avec Maurice de Guérin — une édition illustrée du *Centaure,* que Jünger nous échange contre quelques-uns de ses livres, qu'il prend plaisir à signer, ou plutôt à autographier, et qu'il passe à mesure à sa femme pour qu'elle les tienne ouverts, le temps que l'encre sèche. Jünger s'appliquant :

— J'écris en gothique.

Mme Jünger sourit :

— Nous sommes des barbares...

Il est en train de classer des insectes. De la plume, à l'opposé de son bureau, il montre une longue rangée de volumes :

— C'est le catalogue des coléoptères du monde entier... Je préfère les coléoptères aux papillons : ils sont plus solides...

(«*Insectes coléoptères* : ceux dont les ailes extérieures ne sont pas transparentes» [Littré].)

— Ma première prise fut un ténébrionidé, *Asida gabieni* : je l'ai capturé sur le champ de tir de Sidi bel Abbes, quand j'étais dans la Légion étrangère...

(Il n'est pas inutile de rappeler que le premier uniforme que porta Jünger fut le français... Voisinant avec ses armes de chef honoraire de tribu au Liberia et son collier du Tastevin, des dessins représentent, agrandis, ses divers trophées cynégétiques. En face de la bibliothèque entomologique, dans l'antichambre, le meuble aux insectes.)

— Vous pouvez vous ruiner rien qu'en livres sur les coléoptères... C'est encore un peu de la littérature. Voici les insectes eux-mêmes. (Il tire l'un après l'autre plusieurs casiers vitrés.) C'est un énorme travail... Voici par exemple les mélolonthides, ou hannetons; et là les cerfs-volants; on en trouvait beaucoup pendant la guerre dans le bois de Boulogne...

— Où sont les cicindèles?

— Elles sont très haut. (Jünger gravit un escabeau, rabat le haut du meuble et nous présente un tiroir où sont étiquetés une multitude de joyaux verts et jaunes.) Remarquez l'alignement militaire... Je possède toutes les cicindèles d'Europe, et une bonne partie de celles du reste du monde. Voyez comme leur nom anglais de *tiger beatles* leur va bien... Ce sont des animaux qui aiment le plein soleil pour chasser. Moi aussi : nous nous retrouvons alors.

« En rouge sont indiqués les types, des spécimens rares à partir desquels on établit la description de l'espèce.

« Il existe aussi une *Cicindela juengeri*, et même un sous-genre...

Mme Jünger précise aussitôt :

— Un sous-genre dédié à nous deux, car c'est très souvent madame qui prend les insectes les plus difficiles...

Jünger replace le tiroir aux cicindèles :

— Il y en a encore beaucoup d'autres au grenier...

— Combien d'insectes portent aujourd'hui votre nom?

— Une douzaine je crois, dont *Gregarina juengeri,* le

parasite microscopique d'un coléoptère d'Asie, et même un escargot découvert récemment dans le Tyrol du Sud. Mais vous savez, ici comme ailleurs, c'est toujours la première distinction qui compte le plus. Par exemple, j'avais rêvé enfant de la modeste Croix de fer de deuxième classe que l'on voyait quelquefois arborée par les anciens combattants de 1870. J'ai reçu par la suite beaucoup d'autres décorations, et jusqu'à la plus haute, mais aucune ne m'a fait l'impression de cette modeste Croix de fer, quand on me l'a donnée dans les tranchées en 1915...

«De même, j'avais un camarade dans l'Ordre[1] qui, à seize ans, était aspirant dans la marine quand l'empereur visita la Palestine, en 1898. Voulant remercier le sultan de l'accueil très chaleureux qu'on lui avait réservé, Guillaume II fit bâtir l'année suivante une fontaine à Constantinople et dépêcha dans le Bosphore un navire de guerre, celui où précisément servait mon ami, afin d'organiser une parade navale. Le sultan monta à bord et décora chaque officier selon son rang, y compris le jeune aspirant; celui-ci me confia plus tard que c'était tout autre chose d'être décoré à seize ans que de l'être à vingt...

L'entomologiste Jünger paraît plus fier de ses douze insectes que l'écrivain de tous ses livres. Entrer dans le système de Linné représente à ses yeux une postérité plus enviable, et aussi plus sûre, que la littéraire, laquelle dépend un peu trop des aléas de la mode et des caprices du goût...

— Et puis, toute célébrité de nos jours est douteuse,

1. L'ordre Pour le Mérite.

en littérature comme ailleurs. Frank Wedekind rappelait que « Maggi aussi est célèbre » — il parlait de l'inventeur du potage…

*

C'est l'heure de rejoindre le *Mohren* pour le dîner. Au rez-de-chaussée Jünger hésite entre deux manteaux, choisit un noir du meilleur goût, noue autour de son cou une écharpe blanche, le tout avec des gestes d'une précision et d'une agilité de chasseur subtil. Comme sa femme lui demande s'il pleut, il va jusqu'au perron, tend la main : «*Ein Bißchele*», un petit peu, et soudain nous tend un parapluie dont il manque de nous éborgner en se retournant.

Jünger descend le perron, marche jusqu'aux voitures ; il donne le bras à sa femme, une main tenant le parapluie, l'autre enfoncée dans sa poche. On le croirait à la promenade il y a cent ans, avenue du Bois. La sûreté de soi, l'élégance, le naturel parisien d'avant toutes nos apocalypses survivent dans un village de Haute-Souabe.

Nous confions enfin à Jünger qu'au moment de sonner à la Grande Foresterie, quelques heures plus tôt, un insecte, que nous n'avons su identifier, courait sur la porte.

Jünger s'arrête, indigné :

— Et vous ne l'avez pas pris ?

Un poète rococo

La route qui mène aux portes de Biberach — *Biber,* la ville des castors — découvre comme à portée de main les Alpes sous la neige. « J'ai dans la tête des routes dans les plaines souabes... » Selon le Baedeker de 1896, « Biberach est une ville encore murée, de 8 280 habitants ». Les murs ont fait les frais du XXe siècle, la ville décorsetée s'est répandue en lotissements où l'on se perd entre les haies de forsythias. On tâche de se repérer aux enseignes : un M. Nietsche, couvreur, voisine avec les transports Hamann. Mais c'est Wieland le grand homme de Biberach, où son arrière-grand-père était aubergiste à l'enseigne de *L'Ours noir.* Jünger l'appelle « notre poète rococo ».

Fils de pasteur comme la coutume en est répandue chez les poètes et philosophes d'Allemagne, à douze ans il lit Horace et Virgile. La mode fait le reste, qui est alors au cœur sensible : « La solitude faisait mes délices. Il fallait me voir passer des nuits entières dans le jardin de mon père, essayant de reproduire en odes détestables les sensations que me causait le spectaclc des beautés naturelles dont j'étais environné. » À dix-sept ans, amoureux d'une fille de Biberach, Christoph Martin Wieland écrit pour elle un *Anti-Lucrèce.* On ne sait comment la belle le reçut ; le poète alla bientôt cultiver d'autres muses à Tubingue, puis à Zurich. Il ne revient à Biberach qu'à vingt-sept ans, en 1760, à l'appel de la municipalité. Puis c'est Erfurt, où il enseigne la philosophie et essuie les petitesses des indigènes, dont il se revanchera par son roman des *Abdéritains.* Enfin c'est Weimar.

Bientôt la Révolution, l'Empire : l'Histoire monte à cheval. Après Iéna, les Français sont à Weimar et Napoléon, qui se pique de protéger les lettres, ordonne que la maison de Wieland soit respectée, et qu'on place devant sa porte une garde d'honneur — laquelle arrivera malheureusement après les pillards. L'empereur dédommage le poète avec la Légion d'honneur qu'il lui décerne comme à Goethe, son glorieux cadet.

À Erfurt, Napoléon veut rencontrer Wieland ; et Jünger raconte comment le maître du monde vint forcer la porte du vieil écrivain, à Wachthausen, et comment il fut reçu. « En dépit de moi-même et de ce qu'il y avait de flatteur dans cette entrevue, écrira Wieland, quand elle fut terminée il me sembla que j'avais causé avec un homme de bronze. » Il mourra octogénaire cinq ans après, l'année de Leipzig, épuisé d'une mélancolie contre laquelle tout son esprit attique, et même français, ne lui servait plus de rien.

*

À Biberach, non loin de la maison familiale du poète, le café *Vienna* anticipe l'été ; des guirlandes électriques tiennent encore lieu de fleurs dans la végétation toute neuve qui couvre les murailles et condamne les fenêtres. Les oiseaux s'entraînent au tapage ; nous fêtons le printemps nouveau-né de saucisses modernes (la carte précise : « *mir Phosphat* ») pour leur beau nom d'« âmes chaudes », *warme Seele,* que l'on nous sert à la terrasse, sous un ciel bleu et rose entre deux pluies, avec de la bière de Memmingen, « *Bürger- und Engelbrau* », la bière des bourgeois et des anges.

Hospitalité poétique

On sort de Biberach pour entrer dans *La Bataille d'Alexandre* ; et comme dans le tableau d'Altdorfer, le vrai spectacle est au ciel — des clairières dorées entre les nuages où percent de tendres lointaines montagnes.

— Il y a aujourd'hui cent soixante ans que Goethe est mort.

Le printemps à ses tout débuts lave la terre à grandes eaux quinteuses. Les pommiers et poiriers souabes sont noirs comme des vignes ; seuls un peu partout les buissons jaunes des forsythias sont une lumière bienvenue. Il pleut, il grêle, il tonne même, dans le désordre et sans insister : un temps de mi-carême, une répétition de semaine sainte.

Nous cherchons Wachthausen, plus précisément le château où séjourna Wieland. S'il faut en croire Jünger, son voisin de campagne, il y aurait reçu Napoléon en robe de chambre, et au maître du monde qui s'étonnait qu'on lui témoignât si peu d'égards, il aurait courtoisement remontré que s'il l'accueillait chez lui, pour autant il n'attendait pas sa visite…

Le village ignore son château. Nous gravissons en vain une colline à pavillons jusqu'à une chapelle en béton mince et fer forgé, de style Gagarine-Jean XXIII, gagnée par l'affluence automobile — la messe du samedi soir. Comme il serait déplacé d'interroger ces paroissiens nous faisons demi-tour ; la colline sur l'autre versant est à moitié mangée, elle sert de carrière ou de gravière ; des excavateurs, bulldozers et pelleteuses attendent en rang la reprise du travail.

*

On débouche enfin sur un plateau tout à fait à l'improviste avec devant soi une large allée forestière que l'on suit à n'en plus finir. Un panneau la signale : *Forstweg,* que, rouille aidant, on lira *Fürstweg*, le chemin du prince. N'étaient ces sapins, noirs comme l'Allemagne, l'ordonnance et la perspective trahiraient on ne sait quelle nostalgie de Trianon, l'ambition margraviale d'un petit Versailles…

Enfin le château, baroque campagnard, tour à bulbe et pignons en escalier, tuiles en écailles de dragon orange et vertes. Une porte de petite ville, sans grille ni battants, sommée de l'aigle noire sur fond jaune, donne sur une cour triangulaire : les bâtiments sur deux côtés, qui semblent vides ; sur le troisième un parapet au-dessus de jardins à pic.

Un petit chien blanc aux pattes torses, au faciès churchillien, traverse en silence à notre rencontre. Il s'arrête à quelques pas et nous achetons sa bienveillance avec ce qui nous reste de boules au chocolat de Biberach, ouvrages d'un pâtissier qui fut apprenti à Paris rue Poncelet, un diplôme en français historié le proclame dans sa boutique. Personne d'autre ne venant, et comme le chocolat s'épuise, il faut interrompre ces effusions canines, et repartir : nous nous consolerons en songeant que l'empereur n'a guère été mieux reçu que nous…

— Votre livre *Autor und Autorschaft* est devenu en français *L'auteur et l'écriture.* Le titre traduit est moins précis que l'allemand; mais comment rendre *Autorschaft,* et d'abord comment définir ce mot?

— L'*Autorschaft,* c'est l'originalité. Rappelez-vous la leçon de Baudelaire : *créer un poncif,* fournir un modèle — à cela je reconnais l'auteur. Par exemple, un vers de Rimbaud est immédiatement identifiable; on peut dire qu'il est *signé.* Il en va de même, pour citer quelqu'un qui m'est proche par la géographie et par le cœur, d'Annette von Droste-Hülshoff, dont l'accent se reconnaît entre mille...

— En latin, *auctor,* c'est à la lettre celui qui veille à l'accroissement, autrement dit le jardinier...

— C'est juste. L'auteur, lui aussi, fait pousser. Il a naturellement beaucoup de disciples ou de suiveurs... Mon courrier m'apporte souvent des poèmes, qui sont quelquefois très bons. Une amie poétesse d'Amérique latine définit la poésie comme l'écho qui résonne d'une caverne à l'autre. Il en va ainsi des œuvres produites; mais la poésie elle-même est la source de l'écho. Tandis que lorsqu'on accède à l'originalité, on boit à la source même, et non plus à la coupe qu'un autre vous tend...

— L'*Autorschaft* rejoint peut-être ici l'*auctoritas* latine...

— L'auteur, s'il est poète, provoque une mutation de la poésie. On retrouve ici la grande distinction qu'il faut établir entre variation et mutation. Quand, par exemple, on apporte à un avion un perfectionnement technique, on en reste à la variation ; mais Icare ou Lilienthal sont, eux, des auteurs, car ils ont inventé le vol lui-même. Les progrès se font par étapes ; l'*Autorschaft*, ce n'est pas une étape, c'est une origine.

— L'*Autorschaft* c'est aussi le métier d'auteur, dans son exercice quotidien…

— En effet, et cela inclut beaucoup plus que l'écriture proprement dite, celle des livres ou du journal : les conversations avec les amis ou les visiteurs, sans oublier les rêves… On doit considérer le rêve comme un travail essentiel. Quant à moi, je peux dire que j'ai surtout vécu en rêve. C'est pourquoi je préfère la nuit au jour : à cause des rêves qu'elle apporte… Mes journaux en recueillent de nombreuses traces de même que mes livres, *Le cœur aventureux* par exemple, ou encore *Sur les falaises de marbre*, qui est un livre de rêve…

« Je reçois de mes correspondants beaucoup de récits de rêves ; ceux qui me paraissent les plus significatifs, je les classe dans mon courrier avec l'annotation *Tr* (*Traum*). Peut-être pourrait-on dégager de ces matériaux tout un système de correspondances subtiles…

— Comment se déroule une journée de votre travail ?

— Je dois dire que malheureusement la charge de mon travail s'alourdit sans cesse. Vous avez peut-être vu, en bas, le courrier qui m'attend : j'en reçois beaucoup trop pour avoir le temps de tout lire. Je m'y attelle chaque matin, après le petit déjeuner, et j'effectue au moins un premier tri. J'ai une secrétaire qui alphabétise (*sic*) le courrier, une autre qui est spécialement chargée de répondre *non* aux demandes de toutes sortes, projets de collaboration, désirs de visite... qui ne cessent d'affluer. Il y a les importuns, et puis... vous savez, nous sommes entourés (il se reprend), non, encerclés par les fous...

«Tout cela prend beaucoup de temps. Il faut ajouter les visites, les invitations, les obligations diverses...

(Jünger s'y plie autant qu'il peut avec beaucoup de bonne grâce. En témoignent dans l'antichambre des cartons entiers de ses livres, qu'un bourgmestre voisin l'a prié de dédicacer à l'avance, comme cadeaux pour les hôtes de marque de la commune.)

— Je m'estime heureux, quand je peux préserver deux ou trois heures pour m'occuper de mes pensées. Je songe quelquefois que je devrais me retirer au bord du lac de Constance, à Überlingen, où ma femme possède une maison — sans boîte aux lettres ni téléphone. Comme l'a écrit M. de Voltaire :

Qui n'a pas l'esprit de son âge
De son âge a tout le malheur.

«J'ai aussi besoin de longues promenades. Je gagne à pied les forêts des Stauffenberg, à cinq minutes d'ici ; elles ont gardé beaucoup de leur force primitive. L'heure ne sonne pas dans les forêts ; de plus, il est rare qu'on y croise quelqu'un.

«Cela m'est pourtant arrivé naguère : un professeur de Riedlingen m'a abordé pour m'interroger sur les dieux grecs. Spectacle insolite aujourd'hui, que celui de deux promeneurs qui se rencontrent dans les bois pour s'entretenir d'Eurydice...

Chatons de saule

Quand nous entrons dans le cimetière en ce premier jour du printemps, nous ne voyons que la tombe de Josef Meyer, couverte ou plutôt étouffée par des épaisseurs de tulipes et de glaïeuls ; de larges rubans de couleur aux lettres d'argent annoncent la famille, les amis, les voisins, dont *Ernst Jünger,* une grosse gerbe rouge et or à lui tout seul.

Deux vieilles chargées d'arrosoirs nous coulent des regards interrogatifs tandis que nous cheminons vers Ernstel et sa mère. Ils sont enterrés côte à côte, deux petites plaques en marbre de Carrare à leur chevet. Celle de Perpetua porte ses armes, une arbalète renversée ; Ernstel, la Croix de fer et deux feuilles de chêne. « Né le 1er mai 1926, mort le 29 novembre 1944 près de Carrare en Italie comme volontaire des troupes de reconnaissance. Rapatrié le 6 décembre 1952. » On l'a inscrit sur le monument aux morts de Wilflingen, dressé dans le cimetière : une liste de noms gravée sur une stèle, qui s'évase en un bénitier sauvage. Une petite branche de sapin y trempe dans l'eau de pluie.

La tombe d'Ernstel et de sa mère forme deux petits enclos de bruyère et de crocus orange, où sont enfouies les cages rouges des lanternes des morts. Un jeune saule couvert de chatons est planté entre les deux plaques. Au printemps de 1993, Alexandre, le second fils, sera enterré de l'autre côté de sa mère.

*

À droite au fond du cimetière, à l'écart, reposent les seigneurs du lieu, sous l'effigie patronale de saint Georges terrassant le dragon. Auprès des multiples Stauffenberg et comme invité de marque, Martin von Katte, l'ami de Jünger, dont la tombe est aux armes, le chat de son nom tenant une souris.

Un autre chat, lui très peu héraldique, aux yeux vairons, à la peau de lapin noire et jaune, nous dévisage au seuil de la tour Saint-Loup. Cette ruine médiévale de récente restauration que l'on prendrait pour le clocher du village veille sur le cimetière, un peu au-dessus du *Löwen,* au début de la route des vergers. Nous ouvrons au hasard une anthologie de Friedrich Georg Jünger, que nous a procurée la libraire de Riedlingen : «*Der Gedanke, daß alles vergeht, ist auch vergänglich.*» La pensée que tout passe, passe elle aussi...

Loups longobards

— Ce sont les loups...

On entendrait plutôt des ailes dans *Wilflingen,* un remue-ménage de fauconnerie; c'est pourtant le pays des loups. (D'ailleurs l'armorial de Zurich, le *Zuercher Wappenrolle*, qui passe pour le plus ancien du monde germanique, donne au début du XIVe siècle une famille Wilflingen ou Wülflingen, qui porte d'argent au créquier de sinople — soit un prunier sauvage — sur les deux fruits duquel se perche un loup d'azur lampassé de gueules. Sa mine est presque affectueuse, on le retrouve surmontant le heaume, et l'on imagine les tournois où vint se heurter à d'autres hallucinations héraldiques un chevalier de fer couronné d'un loup d'azur...)

Une association d'idées ou de blasons rappelle ici la ville de Blois, jadis nommée «la ville aux loups», qui porta un loup dans ses armes; son nom même signifiait le loup en langue celte, *Bleiz* ou *Beleiz,* qui était l'animal du dieu Belen, comme il était celui d'Apollon lycien. On trouve ces précieuses remarques au détour d'une lettre de René Guénon, natif de Blois, que Jünger a lu sans doute, mais dont il ne parle pas volontiers. N'importe, on retiendra pour l'heure ce bestiaire apollinien. (À propos, pourquoi ne dit-on pas Wilflingue, à la française et à la classique, comme on disait Tubingue et comme le *Guide du voyageur français en Allemagne* de 1849 généralise : Sigmaringue, Hechingue, Riedlingue?...) En parcourant la dizaine de kilomètres qui nous séparent de Riedlingen, les villages traversés inspirent à Jünger diverses observations toponymiques : il distingue entre les noms d'origine celtique (il prononce *keltisch*) qui finissent en *-heim* — comme Altheim, annoncé par son laid petit écureuil en fuite, entre l'église et la route, une grosse noisette de bronze entre ses griffes — et ceux en *-ingen,* «qui viennent des Longobards (*sic*)», comme Langenenslingen, le bureau de poste de Wilflingen, «que les Français de l'armée d'occupation prononçaient "Lanjenanslinjan"...

Ces Longobards eussent ravi Cingria, qui ne les appelait jamais d'autre manière. «Lombards» est un nom usé, vaincu, un nom de barbare déclassé, tout juste bon à fournir un motif d'opéra. On se rappelle leur roi Didier enfermé dans Pavie que les manuels scolaires d'autrefois dessinaient tombant de faiblesse quand il aperçoit à l'horizon les enseignes de Charlemagne. (Lequel fera place nette en rangeant la couronne lombarde — la Couronne de fer — parmi les trophées impériaux.)

On était loin du roi Claffo, qui deux cents ans plus tôt avait conduit ses Longobards du bassin de la basse Elbe à celui du haut Danube, soit du Hanovre à Wilflingen, la route même que suivra Jünger. Ils devaient leur nom et leur gloire à la ruse d'une déesse. Du temps qu'ils s'appelaient encore Winniliens, une guerre les avait opposés aux Vandales. Le dieu Godan, invoqué par ceux-ci, avait promis de donner la victoire « aux premiers qu'il verrait au lever du soleil ». Au matin de la bataille, le dieu se réveillant aperçoit les femmes des Winniliens, leurs cheveux disposés en barbe sur le visage. C'était un stratagème que leur avait soufflé Fréa, l'épouse de Godan. Le dieu étonné demanda : « Qui sont ces longues barbes ? » Aussitôt sa femme : « Comme tu viens de leur donner leur nom, seigneur, donne-leur aussi la victoire… » C'est ainsi que les Longobards doivent tout au soleil levant. De nouveau les loups, derrière Apollon…

Rêver à la Suisse

« Regarder le lac de Constance tout nu dans de l'eau de savon de couleur rose » : cet idéal de la volupté et de la connaissance, l'une et l'autre s'identifiant à l'infini, requiert, on le voit, de très précises conditions. Cingria omet d'indiquer la principale, qu'il faut avoir six ans (sept tout au plus) comme le petit garçon d'un cheminot suisse, son ami (pas le cheminot, le petit garçon), qu'il cite en exemple balnéaire. Alors on peut dûment «rêver à la Suisse» qui est, selon Trévoux, «ne penser à rien».

Où mieux s'y exercer qu'à Constance, puisqu'on y est — en Suisse — par la géographie, même si l'histoire et la politique se réservent ce territoire allemand d'outre-lac? Deux bêtes regardent l'eau comme les autres, dans la vitrine où on les a descendues (de quels pylônes, fermant quel château forestier?) : un griffon — queue de serpent, ailes d'aigle et bec de cacatoès, la serre posée sur un sablier que nul, pas même Jünger, ne lui disputera; et son double, un lion rêveur au bon sourire, la patte appesantie sur un crâne. La métaphysique est pour eux chose entendue : le temps, l'être, la mort et autres marottes de philosophes, ils connaissent même l'Histoire, en tout et à l'endroit, c'est le moindre avantage de leur position héraldique. Voir Constance, pour les Français volants de Sigmaringen, c'était le rêve ultime : échapper à la métaphysique des bêtes — l'Histoire, l'avenir, eux-mêmes; pour les Allemands, peuple scolaire, on ne va pas à l'Apocalypse en ordre dispersé, et Céline a raconté les retours des excellences cavaleuses entre deux feldgendarmes. Voir Constance est une autre affaire, à la lettre un enchantement, pas une aubaine ni un calcul. D'abord, il faut passer le lac — *lac de Constance,* pléonasme alchimique par quoi la ville recueille, résout et coagule le charme de la fée des eaux, cf. Annette — et aussitôt l'on pense à la Suisse, c'est-à-dire à rien. Ici venue l'Histoire se change en printemps.

*

Durant nos années d'écolage, M. Tournier, professeur d'histoire — qui l'avait faite avant de la professer, à son rang, dans la première armée Rhin-et-Danube —, nous racontait la prise de Constance par les Français. Les feux d'artifice (peut-être), les barcaroles et les fifres du fastueux de Lattre qui jamais ne supporta qu'autour de lui on ne fût beau ni soëf :

Les barques aux barcaroles chantant
Sur un lac blanc et sous l'haleine
Des vents qui soufflent au printemps...

Les vents soufflent, mais le printemps est en retard. Devant la vitrine d'un armurier, une famille de Japonais, aryens d'honneur, bayent à des couteaux.

Miel de sang

C'est ici l'occasion de se rappeler la célèbre maxime, sur l'excessif qui est insignifiant. Birnau est le chef-d'œuvre de la monstruosité rococo. Cette ébullition des formes qu'est le baroque suractivé exigerait bien autre chose que ces gros sabots, un sens de la mesure dans la démesure qui rattraperait tout au dernier cheveu. Ici rien n'est rattrapé et tout s'écrase dans une monotone profusion.

Le chœur a pour clef de voûte un miroir tenu par des anges ; l'évêque peut s'y regarder de son trône, lequel a la perfection d'un trône d'évêque pour théâtre municipal. À Birnau l'œil ne peut jamais se reposer : il est sollicité, chatouillé, harassé par une application dans le trop où perce à la longue une involontaire poésie de rideau rouge, peluche et dorures…

Mais enfin il paraît que nous sommes dans une église. Aux différentes stations du chemin de croix, des angelots trop bien nourris, tous fort laids, jouent avec les instruments de la Passion. Leur frère aîné est à part, le célèbre *Honiglecker,* le « lécheur de miel » partout reproduit, idiot de village aux yeux vides en train de piller une ruche (il faudrait Hugo pour commander aux abeilles d'en finir avec cette boursouflure).

Tout devient plaisanterie dans ce décor, et mauvaise, justement parce que c'est un décor où la religion se donne en spectacle, se réduit à de vaines pompes qui ne sont rien de plus que l'*argument* de ces accessoires. La théologie part ici en sucre filé, la réalité même n'a plus de prise ni d'abri nulle part, on la sacrifie au réalisme — la Sainte Face porte en relief des larmes de sang.

L'église de Birnau semble faite pour éveiller des vocations de fléaux de Dieu, qui vengent cette obstination dans le mensonge morne, ce faux miel et cette grâce truquée, par de vraies larmes et du vrai sang…

Des sureaux

On arrive à Schaffhouse par la vallée du haut Danube, puis Bargen, près d'un calvaire sous un toit en pente coiffé d'un corbeau entre des moutons noir de fumée. Avant de passer plusieurs frontières (c'est la même mais qui revient sur soi pour cet étranglement de Suisse en terre allemande) nous nous arrêtons près d'un bief, le Nouveau-Moulin, où nous retrouvons les foulques du lac de Constance, sur les rives le coton un peu répugnant des sureaux. On ne quitte pas Hölderlin.

— De quoi parlez-vous ?

— Des sureaux.

En dialecte souabe « petit sureau » se dit précisément Hölderlin. Jünger, en bon érudit local, indique un Matthias Hölderlin né à Saulgau, doyen en 1498 de la faculté des arts de Bâle, qui signait « Sambucellus » — de *sambucus,* le sureau —, à la mode des humanistes.

— Joë Bousquet signait aussi « M. Sureau ». L'arbre n'a pourtant pas bonne réputation. Il est vrai qu'il pue.

— C'est le sureau noir. Judas s'y serait pendu. Renier Dieu s'est longtemps dit « laisser le baume pour le sureau ».

Mais assez de lexicographie. Droit aux chutes, à Laufen. Le lieu est touristique ; on se dit que M. de Custine, puis Victor Hugo et Juliette n'ont pas négligé le détour, et l'on regarde les successeurs, qu'une navette débarque et rembarque au bas d'un rocher au milieu du fleuve.

On voit la file qui serpente, de loin assez vermineuse, jusqu'au drapeau suisse, puis redescend.

Sur la rive, près d'une passerelle, indifférent à toute cette écume, un homme pêche à la ligne dans le Rhin.

Clairons & châteaux forts

Entre Schaffhouse et Bâle, la vallée du Rhin déroge à la littérature : entre-deux aquatique et végétal des autoroutes riveraines, suisse-allemande et allemande, elle est serrée de près par les trivialités économiques, Bad Säckingen vient à propos couper court à ces noirceurs ; au vrai la ville n'a pas grand-chose à montrer, on s'arrête à une grande église banale de granit rouge à mi-pente d'un jardin de buis. Elle est dédiée à saint Fridolin, apôtre des Alamans, qui a une autre paroisse à Mulhouse. C'est le soir des Rameaux : la nef est plantée de bâtons à guirlandes, de part et d'autre de l'allée centrale ; on y avance comme dans le camp de César, entre deux rangs d'enseignes légionnaires, avec la crainte solennelle de rigueur parmi ces trophées.

D'ailleurs une crainte plus militaire que divine, guerrière plutôt : c'est que le camp remplit l'église vide, et la seule ouaille ancestrale là-bas présente n'y pourra rien, qui nous détaille par le menu son pèlerinage à Lourdes. Nietzsche, qui n'aimait pas Schiller, le surnomme dans *Le Crépuscule des idoles* « le clairon de Säckingen de la morale » : toute morale et querelle d'écrivains mise à part — querelle dont le pauvre Scheffel fait principalement les frais, lui dont la pièce ne survit plus qu'à l'état d'invective —, le clairon paraît ici aller de soi.

*

Avant Bâle, vers où s'accélère comme vers des chutes le courant des automobiles, Lörrach, ou plutôt Inzlingen tout proche, où l'adolescent Gobineau passa la mauvaise saison de 1830. Ce «château de l'eau», *Wasserschloß*, tout à fait médiéval avec tourelles, douves et pont-levis hors d'état, avait été loué par sa mère à une famille de Bâle. Mme de Gobineau, qui circulait d'ailleurs sous de plus avantageux pseudonymes, se posa là avec son amant, son fils et ses deux filles. Inzlingen fut leur petit Ferney : deux frontières faciles à passer au moindre mouvement de police.

Ces quatre ou cinq mois suspendus «(resteront) toujours dans le souvenir d'Arthur comme l'idéal de son bonheur d'enfance». C'est Caroline de Gobineau qui le dira, en se rappelant les jeux de son frère avec les galopins du village. Il y apprendra l'allemand, qu'il sera l'un des seuls à connaître, avec Nerval et Custine, parmi ses collègues et contemporains romantiques. Cet allemand qu'il doit aux expéditions de sa mère le signale encore à l'intérêt de Tocqueville, et c'est le cabinet du ministre, la diplomatie, enfin *Les Pléiades* — la sublime revanche du roman sur le mauvais romanesque de la biographie…

Aimer Bâle

«En 1839 j'étais monté sur le deuxième clocher, je me penchais sans m'apercevoir que la chaîne et la clef d'or de ma montre pendaient et que la gueule d'une guivre les avait happées. En me redressant, la vivacité du mouvement fit casser la chaîne qui resta entre les dents de la bête de pierre. Ma clef de montre est encore là.» Victor Hugo écrivait cela trente ans après, sur une photo de la cathédrale de Bâle. On ne sait pas si la « bête de pierre » a rendu son trésor. C'est peu probable : les guivres bâloises, municipales ou cantonales, sont dressées à garder l'or qui passe. On les voit partout, aux linteaux des portes et sur les trolleybus, sur les tambours des *leckerlis*, les petits pains d'épice au gingembre, et sur les fontaines, ces fontaines de Bâle dont un pape a savamment traité. Il faudrait aimer Bâle sans doute, à cause de ce Piccolomini et de Paracelse, à cause de l'université qui jusqu'à la fin servit à Nietzsche sa pension de professeur, à cause enfin de Cingria qui promettait d'écrire un livre sur elle ; il faudrait, mais le cœur a du mal à obtempérer. Il faudrait, par exemple, ne pas s'attarder devant les monuments officiels, cet hôtel de ville trop bien reluisant, aux fières devises repeintes qui exaltent la liberté par-dessus tout, même par-dessus l'or, celui que de leur côté happent les guivres. Devant l'hôtel de ville le marché se démonte ; beaucoup de jardiniers d'Alsace y viennent vendre leurs légumes et leurs fruits. Nous ramassons deux cerises sur le pavé sans reproche, nous les passons encore au jet de la fontaine parce que nous sommes en Suisse, et nous faisons en silence le vœu qu'elles exigent, comme les premières de la saison.

Démonologie anglaise

Sir Stephen Spender habite St John's Wood, Loudoun Road — « Loudun, comme les diables » —, une maison étroite au bout d'un jardin de curé proliférant dont la porte de bois ne tient plus. Une haute silhouette de vieux lion fragile vient à nous lentement et nous conduit entre des tableaux admirables jusqu'au salon du piano encombré de livres et de partitions. Avec une bonne grâce distante, presque timide, et un humour qui va jusqu'au rire avalé, il revient sur son unique rencontre avec Jünger, à Kirchhorst, au lendemain de la défaite allemande :

— La scène que vous rapportez dans votre journal pourrait se passer en temps de paix et de prospérité : Jünger vous reçoit dans sa maison à la campagne, il y a là d'autres personnes autour d'un feu de bois et de tasses de thé. On imagine mal qu'alentour, l'Allemagne est détruite…

— La vie était alors très différente dans les villes, à Berlin, par exemple, d'où je venais, et où les gens erraient dans les ruines à la recherche de leur maison, et dans les campagnes, relativement épargnées, où il était possible de préserver un certain confort. À Kirchhorst j'aurais pu croire en effet que je rendais visite à des personnes distinguées retirées à la campagne. Il y avait là, outre Jünger et sa femme, Klaus von Bismarck, le petit-fils du chancelier, qui était responsable de l'éducation dans la zone d'occupation britannique — un chrétien, un homme d'une grande intelligence et d'une haute valeur.

« Quant à Jünger il était très poli et s'est montré comme toujours très supérieur aux événements : il m'a surtout parlé des années qu'il avait passées en France et… du champagne qu'il avait dû laisser chez Florence Gould, me chargeant, puisque je repartais pour Paris, d'en arranger l'expédition…

« Je crois qu'il a toujours méprisé les nazis ; il appartenait à une autre Allemagne, celle des aristocrates, des artistes et des penseurs, qui se sentait à la fois étrangère et supérieure à tout ce qui arrivait. C'est une attitude que j'avais déjà observée parmi les professeurs, notamment à l'université de Bonn : ils formaient un monde étanche et regardaient en spectateurs tout ce qui se passait en dehors d'eux, comme si cela survenait dans une espèce de jardin zoologique peuplé du reste des Allemands...

« Je n'ai jamais eu beaucoup de sympathie pour cette attitude : il me semble que si ces gens-là s'étaient montrés plus ouvertement antinazis dès 1933, beaucoup d'ennuis nous auraient été épargnés...

— Vous racontez aussi qu'avant cette visite, vous aviez parlé de Jünger avec un étudiant allemand qui le définissait comme un « démon »...

— Ah oui... C'était un de ces jeunes gens un peu fous qui divisaient le monde entre gens ennuyeux et intéressants, entre bourgeois et démons. Hitler à ses yeux était un démon et Jünger lui-même en avait quelques traits... Le mot veut dire plusieurs choses, et Goethe l'emploie au sens de *daimon,* le génie. Mais cet étudiant l'entendait comme synonyme de génie méchant, amoureux de la guerre et de la destruction. Cela convenait au premier Jünger, celui de la Première Guerre mondiale, qui aimait la guerre pour des raisons à la fois esthétiques et morales, comme l'épreuve par laquelle l'homme seul réalisait toute sa grandeur. Et puis aussi la fascination pour les ruines et l'obsession de la volonté, tout un aspect de l'esprit allemand qui ne m'est guère amical...

— Il y a aussi chez Jünger, surtout chez le Jünger de la maturité, cet esprit goethéen de sympathie avec la nature, dans ce qu'elle a de magique, en ce qu'elle constitue à travers ses formes un poème vivant...

— Tout cela reste, comment dire, très *anhumain* : pour lui les minéraux et leur classification sont supérieurs aux considérations sociales et historiques, à la bourgeoisie et au prolétariat. Les minéraux ont d'ailleurs une espèce de sympathie pour des gens comme Jünger…

« Cela dit, s'il est peut-être, ou s'il a été un démon, il est à coup sûr un génie. C'est un écrivain merveilleux qui emploie, me disait Curtius, « la langue allemande comme de l'or ». On peut alors estimer que ce génie le met au-dessus des catégories habituelles, et que par exemple il peut, comme si de rien n'était — comme s'il n'était pas l'occupant d'un pays vaincu —, fréquenter à sa guise d'autres génies chez les grandes… comment dit-on : *hostesses* ?

— Hôtesses ?

— … chez les grandes hôtesses parisiennes, Florence Gould, Marie-Laure de Noailles, qui étaient bien obligées d'inviter des Allemands : c'était les seuls étrangers qu'on trouvait à Paris pendant la guerre…

Le chaudron de sorcières

Une loi d'ironie règle nos temps historiques, que Nietzsche avait bien perçue : à Zarathoustra se substitue toujours le singe de Zarathoustra, que la foule acclame et plébiscite. C'est lui qu'elle attendait, et lui seul. Quant à Zarathoustra lui-même il lui est vivement conseillé de disparaître. La caricature ne pardonne jamais à son original.

Dans le «chaudron de sorcières» qu'était, selon Friedrich Hielscher, le Berlin de la république de Weimar, plusieurs avaient dessiné en creux la figure impériale du nouveau régime qui devait tirer le pays du chaos. Il est conforme à notre âge de fer que, de toutes les solutions possibles, ce soit la pire qui l'ait emporté, la plus basse et la plus parodique. Une bande a raflé le pouvoir — et l'Allemagne. Jünger aussitôt se tait, comme beaucoup d'autres. Il n'a jamais caché le dégoût viscéral que lui inspirait Hitler, cette doublure ubucsque de Charlot. (Et on lui comptera encore ce dégoût à charge, comme une preuve d'aristocratisme insupportable.)

Pendant plus de quatorze années, le «chaudron de sorcières» avait bouilli, son feu attisé par l'inconséquence provocatrice du traité de Versailles. L'Allemagne attendait un sauveur, quelqu'un qui effaçât l'humiliation de cette paix infligée comme une leçon de morale. Les Allemands ont l'esprit messianique, ils espèrent le retour des dieux, au moins celui de Barberousse ; il n'est guère prudent de les pousser sur leur pente. Le premier raté venu, s'il est assez fou pour s'emparer du chaudron, sera proclamé César.

*

En 1943 Gottfried Benn érige une stèle au nouvel empire allemand :

Toutes les valeurs sont renversées ;
Une bande de crapauds devient le monument de l'Histoire...
Le rat se présente comme le remède de la peste.

Ils auront fait main basse sur l'Allemagne, son présent, son passé qu'ils annexent (Dürer, Wagner, Nietzsche) et jusqu'à son avenir, en se présentant comme ceux qu'on attendait et pour lesquels les meilleurs esprits avaient travaillé durant l'entre-deux-guerres. Ce mensonge grossier, cette imposture majuscule, les antinazis la croiront sur parole, et l'habituelle erreur d'optique de l'Histoire aidant, qui fait de la succession temporelle un enchaînement nécessaire, on a vu dans la «révolution conservatrice», comme on dénomme en bloc l'agitation intellectuelle de ces années incertaines, l'état préparatoire de l'hitlérie jusque dans ses pires conséquences de crimes d'apocalypse.

Il fallait compter aussi avec la volupté d'obéir, si grande de ce côté-ci du Rhin : «Je vous crois incapables, vous autres Allemands, leur disait Hoffmann par un de ses personnages, et fût-ce sous la pire oppression, de vous laisser aller par quelque coup de foudre à la révolte.» Passivité qui est l'autre face d'un complexe de supériorité nationale-ethnique, lequel se monnayera en toutes sortes d'opinions délirantes. Cinquante ans avant Hitler un personnage de Jules Verne, le Herr Schultze des *Cinq cents millions de la Begum,* en donnait un premier aperçu : «La race germanique doit absorber toutes les races humaines» ; «Depuis que le monde existe il ne s'est rien fait de durable que par l'Allemagne et il ne se fera rien sans elle de définitif» ; et enfin : «Tous les Français sont atteints à des degrés différents de dégénérescence héréditaire.»

Ce ne sont plus des idées, à peine encore des opinions : plutôt des incantations avant les transes, des rites conjuratoires et bientôt sacrificiels. Hermann Rauschning, dans *Hitler m'a dit,* définit le national-socialisme comme « la danse de Saint-Guy du XXe siècle » : « Tout Allemand a un pied dans l'Atlantide où il cherche une meilleure patrie... Cette double nature des Allemands, cette faculté de dédoublement qui leur permet à la fois de vivre dans le monde réel et de se projeter dans un monde imaginaire, se révèle tout spécialement dans Hitler et donne la clef de son socialisme magique. » « Hitler, ajoute-t-il, parlait comme un voyant » et se comportait comme un médium. « Le médium est un possédé. Délivré de son démon, il retombe dans la médiocrité... Cet assemblage du trivial et de l'extraordinaire, voilà l'insupportable dualité que l'on perçoit dès qu'on entre en contact avec lui. » Rauschning parle de « l'emprise hypnotique » qu'Hitler exerçait sur ses interlocuteurs — et, de proche en proche, sur tout le peuple allemand. Les sorcières tenaient bien leur chaudron.

*

Des forces psychiques de la nature la plus basse ont submergé l'Allemagne et débordé sur l'Europe, durant les douze années de ce millénium de parodie. La place de Jünger était si peu marquée dans cette grande nuit de Walpurgis que dès la publication du *Travailleur,* à l'automne 1932, la voix officielle du parti, le *Völkischer Beobachter,* s'indignait que livre et auteur fussent irrécupérables : « Mais oui ! Une conversation dialectique à n'en plus finir ! On joue pendant trois cents pages avec tous les concepts imaginables, en se répétant à l'infini sans se soucier des contradictions. Et, pour finir, qu'en resterat-il, en particulier pour nos jeunes générations ? » C'est dans ces « jeunes générations » que quelques-uns pourtant s'obstinent à faire du *Travailleur* le vade-mecum d'Hitler durant sa prise du pouvoir. L'amalgame est si grossièrement contre nature qu'il faut bien qu'il y ait d'autres raisons, plus fortes que la logique et l'Histoire. Les spécialistes des sciences politiques de l'avenir tiendront une clef majeure de l'opinion de la fin du XXe siècle, quand ils sauront expliquer pourquoi Jünger était beaucoup plus scandaleux, aux yeux des augures de l'esprit du temps, et pour finir moins assimilable pour eux que le premier nazi venu.

Intermède légionnaire

C'était aux Costières, faubourg de Nîmes, dans le stade municipal transformé pour un soir en camp retranché de la Légion. Le 2e régiment étranger d'infanterie fêtait son siècle et demi en la présence du plus ancien de ses anciens, Ernst Jünger. On lui avait dit qu'on donnerait un spectacle tiré de son *Cœur aventureux* ; au lieu de quoi on retraça les fastes du régiment, en les soulignant d'un débat entre l'Actualité et la Mémoire, laquelle parlait avec la voix enregistrée d'un comédien à la mode. Quelques citations du « passeur », soit Jünger lui-même, sur l'acceptation du sacrifice, l'effacement de l'Histoire et l'abandon des vertus héroïques, la foi en l'indestructible, servaient de légendes aventurées à ces tableaux vivants, qui n'étaient que le prologue un peu scolaire du spectacle proprement dit. Avec le «show Daguet», on passait au sérieux. On nous rejoua la «guerre du Golfe», dont on revenait ; la scène fut investie par les engins blindés, survolée par les hélicoptères, l'assistance mise en joue par des tireurs infaillibles. La musique s'amplifia, la pluie crépita, le vent fit ronfler les haut-parleurs, l'orage mêla ses éclairs aux «effets spéciaux». Les Titans nous offraient leur spectacle de patronage.

Puis la clique joua *Le Boudin*, *La Marseillaise*, timides rappels d'un autre monde dont le «passeur» transmit le drapeau, celui du régiment, au benjamin des légionnaires, un garçon de quatre-vingts ans son cadet. Le symbolisme militaire se voit de loin ; Jünger le voit de plus loin encore, et lui seul aura su démêler, ce soir-là, la piété de l'ironie. De l'ironie, et pas même délibérée, il en fallait beaucoup pour l'inviter à cette exposition de matériel militaire, lui imposer cette fanfaronnade mécanique accompagnée de discours qu'on ne croyait plus en usage, tels que l'invocation du député maire «à ceux qui ont lutté et vaincu pour la liberté du monde». Les amateurs d'Histoire ne reculent devant rien, surtout pas devant la parodie, qui n'est rien d'autre, après tout, que l'Histoire reconstituée, représentée, corrigée de ses doutes et de ses hasards. La médiatisation impose son *professionnalisme* ; les vainqueurs du Golfe sont de bons techniciens, et tel grand maître du béton et du petit écran, *sponsor* des festivités, pouvait leur accorder le triomphe et se déclarer content d'eux.

Beaucoup d'images, donc, prises là-bas, projetées ici, devant lesquelles les soldats remimaient leurs faits d'armes. On nous parlait notre langage accoutumé, nous étions requis d'applaudir. Le «concept» du spectacle avait été «vendu» par la Légion, et acheté par toutes sortes de commanditaires, du grand journal illustré au fabricant de salaisons et du bétonneur à la radio locale, dont on nous cria la liste complète après la fanfare; le nom de Jünger y était heureusement oublié. Des gens officiels qui ne le connaissaient pas s'empressèrent autour de lui : divers députés, préfets, beaucoup de képis à glands d'or, et même un académicien amateur d'armes à feu venu en voisin de villégiature. «Mais toujours reviennent les temps...», cette phrase de lui que le commentaire nous avait serinée à tout hasard prenait sous la halle d'honneur en béton une ironie souveraine. Très droit, vêtu d'anthracite, la médaille de Verdun à son revers, il acceptait l'hommage avec autant de sérieux que de politesse. Quant à la prétendue «guerre du Golfe», ses hôtes triomphateurs eussent été bien surpris de savoir ce qu'il en pensait, pour autant qu'il eût pris la peine d'en penser quelque chose; surpris ou scandalisés, comme Banine dont il avait calmé l'inspiration martiale en observant simplement, au plus fort et au plus bruyant des opérations, qu'«il valait mieux être ici que là-bas». D'aucuns «jüngeriens» soi-disant, boutefeux ou porte-glaives, ne lui pardonneront pas — parce qu'il sait très bien ce qu'il dit...

Intermède légionnaire (suite)

— Il y a des chiffres que vous n'oubliez jamais. Pour moi c'est 15314 : mon numéro matricule dans la Légion étrangère. J'attendais qu'on le crie chaque jour, au moment de l'appel du courrier. Mes parents m'ont envoyé des lettres, et aussi de l'argent. À cette époque la solde quotidienne d'un légionnaire était d'un sou, c'est-à-dire quatre pfennigs. Un litre de vin rouge, de ce lourd vin rouge d'Algérie, coûtait seulement un sou. Alors je me suis accoutumé à boire, et j'ai continué jusqu'à maintenant (ce n'est donc pas très dangereux...).

— Peut-on dire que c'est à la Légion étrangère qu'est née votre double vocation d'écrivain et d'entomologiste ?

— Vous croyez ? Peut-être... Mais alors aussi de lecteur (j'ai beaucoup lu dans mon cachot) ; et, comme je vous le disais, de buveur...

« Mes premières trouvailles entomologiques, je les ai faites sur le champ de tir de Sidi bel Abbes. Des ténébrionidés, très rares... J'en avais rapporté dans la chambrée, où l'un d'eux s'est échappé. Il y avait parmi nous un légionnaire noir et le caporal, qui avait trouvé la bestiole, s'en est pris à lui. Moi dans mon coin je n'ai rien dit... (sourire de potache).

— Cette expérience de la Légion n'était-elle pas à tous égards d'essence littéraire ?

— Oui, naturellement ; ce sont les livres qui m'y ont amené : *À travers le continent noir* de Stanley et d'autres semblables. Je peux dire maintenant que l'Afrique m'a déçu — le grand rêve de l'Afrique que je poursuivais... Après, j'ai tiré de mes notes et de mes souvenirs *Jeux africains.*

(Frédéric Musso, évoquant le jeune garçon du début du siècle « amoureux de cartes et d'estampes », s'émerveillait de la connivence dans le rêve du jeune fugueur et de son père, qui le délivre de la Légion et de ses cachots et le fait rapatrier, non sans lui intimer par télégramme de se faire photographier en uniforme : *Laß dich photographieren.*)

— Une figure tutélaire traverse *Jeux africains* : celle du légionnaire Benoît. C'est à son propos que vous écrivez : « Chacun connaît le sentiment joyeux qui s'empare de nous lorsque nous découvrons un homme... »

— Dans la Légion on a toujours trouvé quelqu'un. Pour moi ce fut Benoît ; il était de Mulhouse, je l'ai retrouvé après la Seconde Guerre mondiale. Ses filles qui avaient lu mon nom dans un journal lui ont demandé si ce n'était pas là ce jeune camarade avec qui il avait si souvent fait la bombe (*sic*) (et même une petite escapade que je raconte dans le livre). Benoît m'a écrit : « Êtes-vous mon camarade Ernst Jünger ? » Je lui ai répondu aussitôt : « C'est bien moi... Viens vite, mon camarade, j'ai besoin de toi ! » C'est ainsi qu'il est venu me rendre visite à Wilflingen. Vous avez vu son portrait dans le « coin des amis morts »...

— Vous le représentez comme un lecteur passionné des *Mystères de Paris*...

— C'était un grand liseur lui aussi ; et de ce genre de livres. Je m'étais moi-même enthousiasmé pour Eugène Sue, mais plus tôt, vers treize ou quatorze ans. Les livres sont très dangereux, c'est toujours l'histoire de Don Quichotte... J'avais lu quant à moi l'*Orlando furioso*, qui m'avait farci la tête d'idées héroïques. Mais aujourd'hui il n'y a plus de héros, seulement des machines auxquelles on est affronté...

(Le spectacle régimentaire quelques heures plus tard devait être prévu pour nous le confirmer.)

*

Adieu vieille Europe
Que le diable t'emporte…

Le diable a emporté aussi le reste, et tout est aujourd'hui du pareil au même. Dans un monde sans Histoire, où les guerres sont remplacées par des opérations de maintien de l'ordre international, la Légion étrangère est devenue un corps de techniciens spécialisés ; en termes jüngeriens, « la brigade de sapeurs-pompiers de l'État universel ».

Quelqu'un, de l'espèce tonitruante, journaliste à *Paris-Match* — grands pieds, grosse voix, cravate et assurance de VRP —, qui l'a entendu parler du sou quotidien de la Légion, apostrophe Jünger : il cite les derniers mots de tel ouvrier boulanger parisien mourant sur les barricades de 1848 (ce sont à quelque chose près ceux du député Baudin, ces anecdotes historiques font beaucoup d'usage) : « Voilà comment on meurt pour vingt sous » — ce qu'il touchait par mois. Et le tonitruant de remarquer que le légionnaire de 1913 était sensiblement mieux loti que l'ouvrier boulanger de 1848… Jünger ne lui répondra qu'en s'en allant : « Vous direz à votre ouvrier (*sic*) qu'on ne meurt ni pour vingt sous, ni pour un, mais qu'on meurt toujours gratis. » Le mot fut très applaudi.

Histoire de reîtres

Les journalistes tonitruants sont d'une grande utilité : ils n'hésitent jamais à mettre les pieds dans le plat. C'est ainsi qu'ils posent des questions auxquelles on n'eût pas songé, et qu'ils s'attirent ainsi des réponses que l'on eût espérées en vain. Le tonitruant de service, l'ambiance légionnaire aidant, attaque Jünger sur Ernst von Salomon : il se croit obligé de faire l'apologie des corps francs, il leur passe même leurs exagérations, comme les assassinats politiques. Jünger l'interrompt :

— Je suis contre les attentats.

Il parle d'Ernst von Salomon comme d'un ami, dont le portrait figure sur l'autel domestique de Wilflingen, jamais comme d'un écrivain. Il va de soi qu'ils ne sont pas de la même espèce. Salomon rate son entrée : né en 1902, il est trop jeune pour la guerre et quand il arrive à l'âge de combattre, l'Histoire l'a pris de vitesse, l'ancien cadet n'a plus d'armée, plus d'empereur, plus d'adversaires, sinon les politiciens de Weimar. Ernst Jünger, son aîné de sept ans, est déjà un héros démobilisé, il a fait son temps, récolté tout son soûl de croix et de blessures; lui, l'autre Ernst, rien : il vient trop tard, la pièce est jouée. Il fera donc la guerre à titre privé en donnant la chasse aux figurants. Ce n'est plus un guerrier, c'est un reître.

On a voulu faire de lui l'archétype de l'« aventurier » — si l'on veut, avec ce que le mot suppose d'anarchie intime, d'agitation et de tumulte, à la remorque des hasards. L'aventure de Salomon dure en tout et pour tout quatre ans, de 1918 à 1922, de l'armistice à l'assassinat de Rathenau. En 1922, il a vingt ans et sa vie s'arrête avec son aventure.

Après, il va se répéter, longuement, supporter à n'en plus finir les conséquences de ses engagements juvéniles, avec tous les malentendus successifs et contradictoires que l'on imagine. Les nazis l'ont cru d'abord sympathisant, mais ils se sont vite aperçus que ses aigles n'étaient pas les leurs, et qu'on ne ferait rien de bon avec ce genre de « réprouvé » ; les Alliés, qui n'y regardaient pas de si près, font de lui après guerre un nazi. Et c'est ainsi jusqu'au *Questionnaire,* où l'on recommence tout, sur le papier. Il lui reste à vivre un quart de siècle.

*

« Le chemin de la salamandre » qui permet de traverser une époque en flammes, l'art de mûrir dans les tempêtes, Ernst von Salomon ne les a guère connus ni pratiqués. Il a tout traversé, bravement, aveuglément ; c'est un reître, rigolard et franc buveur, un contemporain de la guerre de Trente Ans. Il aurait pu figurer sur les *Falaises de marbre*, Belovar plutôt que Biederhorn, mais certainement pas les écrire.

Ernst Jünger, si l'on y tient, parle d'un de ses livres : *La belle Wilhelmine,* chronique rococo des amours d'un roi de Prusse avec la fille d'un aubergiste, au temps de Valmy.

— C'était un livre de commande. Salomon me l'a envoyé avec cette dédicace : « Cher Ernst, ne le dites à personne, mais voilà mon vrai goût... »

Salomon avait pour Jünger d'autres égards :

« Avec un peu d'irritation, je constatai qu'il (Jünger) avait toujours aimé se retirer sur une autre étoile. Il répliqua sans hésiter :

« — Oui, une étoile relativement décente. Mars ou Vénus, non pas Saturne, il y a du brouillard et de plus, Spengler s'y trouve déjà... » (*Le questionnaire*).

Entre Prussiens

À deux pas de la Madeleine de Vézelay, au sommet de la colline, le Clos du Couvent, un grand mur couvert de feuillage dont l'entrée se cache sous un petit arc-boutant. La maison de Jules Roy évoque furieusement la Grande Foresterie, mais en moins tendu cependant, en plus français. Nous sommes accueillis par les aboiements d'une grande chienne à poil ras noir et feu — « Elle est du pays de Jünger » — que Mme Jules Roy retient par son collier : « Montez, suivez-la, elle va vous conduire », et c'est le même escalier de bois qu'à Wilflingen, plus clair, moins l'encombrement très ordonné d'objets magiques. Du haut du premier étage nous toise le portrait du Mao de la Longue Marche.

Mao aura beaucoup compté dans l'affection de nos écrivains soldats : le teckel de Jules Roy s'appelait ainsi, et la mort de Mao inspira à son maître un tendre petit livre élégiaque ; quant à Jünger, Mao était son chat, pour des raisons rien moins que politiques : « En chinois, *mao* veut dire chat. »

— Jünger est un homme terrible.

Jules Roy nous reçoit devant quelques livres dépenaillés, *La guerre notre mère, Orages d'acier,* et une photo du jeune lieutenant Jünger en uniforme, qu'il nous montre avec une admiration jalouse :

— Regardez, c'est un vrai Prussien, un officier de l'armée prussienne, l'armée victorieuse par-dessus le marché, celle qui fait peur. Mon père était de l'Aube, d'un village situé sur la route des invasions. Le passage des Prussiens n'avait pas été oublié, pas plus que celui des cosaques.

«Jünger est né en 1895. Il est de la génération de Goering, de Richthofen, de Guynemer. Tous ces grands astres, ces prédateurs de l'aviation de chasse — ces tueurs. Jünger, vous l'avez vu? a chez lui le portrait de Richthofen, qui était comme lui titulaire de la croix Pour le Mérite. Quant à lui, si l'on ne peut pas le ranger parmi les prédateurs, on peut dire qu'il a vécu avec eux et qu'ils l'ont reconnu comme quelqu'un de leur race. Au début c'est comme ça...

Et avant le début? En 1913, quand l'adolescent Jünger s'engage dans la Légion étrangère à Sidi bel Abbes, Jules Roy, qui a six ans, entre à l'école d'Aïn Taya, un gros village à l'est d'Alger sur une falaise dominant la mer. Une école que dirige son père, où le petit Jules apprend de son institutrice, «une nonne laïque» qui mène sa classe à la baguette, qu'il faut par-dessus tout honorer la patrie, la défendre et reconquérir l'Alsace-Lorraine.

En cet après-midi de juillet, le soleil de Vézelay n'a rien à envier à celui de la Mitidja. Jules Roy se lève, pensif, marche d'un splendide lit à baldaquin, fameux dans les annales de sa *barbarie*, jusqu'à une porte-fenêtre, d'où nous vient la rengaine d'un musicien pour touristes. En face, une autre fenêtre ouvre sur le dévalement de la colline, et quasi la solitude de Colombey.

— De lui, c'est plus qu'une guerre qui me sépare. Certes il a participé à la Première Guerre mondiale, et moi non : j'étais trop jeune, j'ai dû attendre l'autre. En 1914 il a fallu qu'il s'engage. Il avait dix-neuf ans, comme il s'était engagé auparavant dans la Légion. (D'ailleurs pour lui les gens qui valent quelque chose sont les gens qui s'engagent.) Il voulait faire la guerre, il ne voulait pas s'amuser... Ce qui me sépare de lui, plus radicalement, je crois que c'est l'*ère.* Jünger est d'une certaine ère, moi d'une autre. Jünger appartient au monde militaire d'avant la bombe atomique.

Trois livres n'ont jamais quitté la cantine du colonel Jules Roy : *L'Imitation de Jésus-Christ, Les Liaisons dangereuses* et *La guerre notre mère.*

— Pour lui la guerre est véritablement la mère des hommes et le creuset où les nations se sont formées. C'est de tout ce sang répandu que la liberté est née, c'est peut-être atroce mais c'est vrai...

« Quand on est un homme et qu'on réfléchit, quand on a connu l'appel de la guerre, l'amour de la guerre, le respect de la guerre, on peut écrire un tel livre, qui appartient au patrimoine spirituel de l'humanité.

— Quand sont publiés en France les livres de guerre de Jünger, au début des années 1930, en parlait-on dans les cercles militaires ?

— Pas du tout. En 1934, quand paraît *La guerre notre mère,* j'étais lieutenant d'infanterie à Versailles ; j'ai lu le livre avec attention, comme la plupart des jeunes officiers ; mais pas plus qu'aucun d'entre eux, je n'ai osé en parler (de même qu'il n'est pas d'usage, dans les écoles militaires françaises, de parler d'Alfred de Vigny et de *Servitude et grandeur militaires*).

« *Orages d'acier* avait connu aussi un grand succès, en Allemagne puis en France. Maurice Constantin-Weyer écrivait dans *Le Figaro* que « le livre est dur et brutal, sans pitié dangereuse mais aussi sans cruauté inutile.

Il garde un accent de profonde vérité». C'est cet «accent de profonde vérité» qui a tout de suite retenu le lecteur.

«À cette époque de l'entre-deux-guerres, je ne vois personne en France d'équivalent à Jünger. On penserait peut-être à Montherlant, qui était alors mon maître, mais c'est un écrivain pur et un faux héros. Tandis qu'un héros véritable, réchappé de la tuerie, qui prenne la parole et raconte ce qu'il a vu et ce qu'il a fait... On a un Dorgelès ou un Barbusse, qui maudissent naturellement la guerre — naturellement, ce sont des civils. Moi aussi, à leur place, je la maudirais (là, Julius se reprend, avec un désarmant sourire :) Je la maudirais? moi, un militaire!...

«Voyez ce que Jünger dit de la mort dans *La guerre notre mère* : «La guerre était autrefois couronnée par des jours où la mort devenait une *joie*. Jours qui s'élèvent toujours au-dessus des temps, comme des monuments impérissables du courage humain...» Évidemment, on ne peut pas le considérer comme un pacifiste...

Jules Roy feuillette les livres devant lui, dont un est dédicacé «à mon camarade français Jules Roy».

Un autre portrait de Jünger, celui-là tout récent :

— C'est curieux comme le temps semble n'avoir aucune prise sur lui. Il le laisse intact et de plus en plus beau... On a parlé un peu de la guerre, mais ni de Dionysos ni d'Éros. Le vin occupe une grande place dans sa vie — le bourgogne, le champagne... — et sans doute aussi l'amour. Mais il n'en parle pas.

— En un temps où il est de mode et quasi de rigueur de tout dire, surtout sur ces chapitres, on dirait que Jünger là encore accumule les griefs contre lui comme à plaisir...

— D'où une nouvelle parenté avec Gracq. Nul n'évoque plus pudiquement l'amour que lui. Ce sont aussi des romantiques tous les deux…

« En 1940 cependant Jünger revient en France à la tête de sa compagnie, en franchissant les jardins et les routes. J'avoue avoir eu un peu honte en lisant *Jardins et routes*. Les Allemands n'avaient plus personne devant eux, ils entraient en France comme dans du beurre, et le beurre, c'était nous… Certes Jünger est un vainqueur d'un genre particulier, il s'excuse presque d'entrer dans les villages désertés, dans les maisons ouvertes à tous vents. Il le fait avec infiniment de piété, il se sent un peu chez lui en France, il y a en lui de l'émigré français qui revient chez soi. Partout il rétablit l'ordre et préserve ce qu'il peut. À Laon par exemple, il fait garder par ses soldats les trésors de la bibliothèque municipale que les conservateurs ont abandonnés dans leur fuite. En 1943, nous prenons moins de précautions pour lui rendre la monnaie de sa pièce de 1940 : il apprend à Paris que l'aviation anglaise a bombardé le Hanovre et détruit sa maison.

« En 1940 Jünger était employé à l'état-major à des missions très spéciales. Il dînait aussi beaucoup en ville, ne fréquentait que des gens considérables comme Paul Morand, Florence Gould et ses invités. Il faisait presque partie de l'intelligentsia française. Et puis… il a été contraint à la démission par le parti nazi après l'attentat du 20 juillet 1944. C'était la sanction la plus douce qu'on pouvait lui infliger. Il faut dire que c'est Hitler qui l'a sauvé. Il ne voulait pas qu'on touche à Jünger.

— On a l'impression qu'il a été sauvé comme survivant d'un monde révolu…

— Oui, il a été sauvé comme monument historique. Jünger représentait la dignité, la grandeur, la bravoure, le courage, la force, la réussite, toutes les victoires, celles de l'armée allemande de 1914 à 1918. Ce petit homme incarnait tout cela. Et c'est comme tel qu'il a été sauvé, et aussi peut-être comme le dernier témoin de ces armées qui n'existent plus, parce que les armées de 1914 n'étaient pas si éloignées des bandes du maréchal de Saxe. Alors que maintenant nous allons vers une sorte de gendarmerie internationale...

« Ce qui est frappant chez Jünger, et depuis toujours, c'est sa capacité de devancement. Par exemple ses positions nationalistes du *Travailleur* (1932) : en 1933 il est déjà ailleurs, il a compris ce qui se passait, et il se taira. Au plus fort de la Seconde Guerre mondiale, lui qui avait tant aimé la guerre écrit *La Paix* ; de même qu'au milieu des combats il n'a jamais oublié les insectes ni les fleurs.

« Il est curieux qu'il se soit retiré dans ce lieu si solitaire — et pensez ! la maison du grand forestier des Stauffenberg... Jünger est un peu le génie de ces forêts. Ce guerrier aristocrate est en même temps un personnage ludique, magique... on ne sait pas ce qui peut se passer par lui...

Du travail

« Le seul homme de culture supérieure qui ait donné au nazisme une apparence de philosophie, Ernst Jünger... » Cette apparence de critique, valant exécution sommaire, est d'Albert Camus ; dans *L'homme révolté,* il cite *Le Travailleur, L'Ouvrier* comme il dit, qu'il n'a pas lu. Il prête à son auteur « la vision d'un empire mondial et technique », d'une « religion de la technique antichrétienne dont les fidèles et les soldats eussent été les ouvriers eux-mêmes parce que (et là Jünger retrouvait Marx) par sa structure humaine, l'ouvrier est universel ». Le contresens et la polémique aboutissent à la calomnie, on regrette pour Camus qu'il ait cédé à ces facilités consternantes. Le Travailleur dont parle Jünger avec toujours d'infinies précautions et réticences, ne sachant que trop bien avec quel appétit on répétera la méprise de Camus, n'a rien à voir avec ce que la fureur politique, et singulièrement dans l'entre-deux-guerres, désignait sous ce nom, enseigne commune aux marxistes et aux hitlériens (le parti nazi s'intitule in extenso Parti national-socialiste allemand du travail).

*

Avec le Travailleur, Jünger décrit l'avènement d'une *forme* quasi ontologique — et comment traduire au plus près *Gestalt,* sinon par ce terme de métier ? —, une forme nouvelle qui va redéfinir les termes mêmes de l'Histoire où elle apparaît comme le Bourgeois, la forme précédente, à qui le Travailleur succède, avait défini et constitué le monde moderne né des Lumières. Le Travailleur apporte avec lui l'empire de la technique, un empire qui ne connaît pas plus les nationalités que les anciennes cultures ou religions. Le spectacle de la guerre mécanique qui termina le premier conflit mondial en donne à Jünger l'intuition, et il ne cessera plus d'y revenir, d'en méditer tous les aspects et d'en tirer toutes les conséquences. L'implacable clarté de l'analyse se double d'un acte de foi qui n'est pas sans noblesse : que si la puissance destructive du Travailleur est d'une évidence aveuglante, sa figure ne serait pas encore achevée, il recélerait en lui-même assez de force et de fécondité pour nous faire « passer la ligne » du nihilisme.

Julius Evola l'avait bien compris, qui définissait le Travailleur comme le « symbole d'un nouveau type humain capable de tourner à son avantage, de transformer en force spirituellement formatrice tout ce que l'époque offre d'apparemment destructif et de périlleux ». Pour Evola, le Travailleur est celui qui « chevauche le tigre » ; Jünger pour sa part nuancera vite cet optimisme volontariste ; sans jamais se complaire à la polémique ou à l'inventaire morose du désastre, il s'efforcera de préciser toujours davantage les promesses et les menaces de l'ère titanique où le Travailleur nous introduit et qui nous impose, comme l'écrivait son ami Gottfried Benn, « la contrainte créatrice du néant ». La traversée du nihilisme comme ascèse.

*

Le caractère universel du Travail comme mise en action et mode d'existence du Travailleur, anonyme et mécanique auxiliaire de ses machines, la Seconde Guerre mondiale l'a consacré, en renvoyant au musée toutes les formes subsistantes des anciens temps historiques désormais forclos. Dans son autobiographie, Sir Stephen Spender mobilisé comme pompier à Londres note que « la guerre n'était plus un conflit entre l'Allemagne et la Grande-Bretagne, mais une simple interaction de tâches au sein d'un système complexe». Un bombardier anglais s'adresse un jour à lui dans un train, non comme à un compatriote, mais comme au collègue des pompiers berlinois qui doivent éteindre les incendies qu'il allume depuis son avion. Travaux complémentaires... Jules Roy, qui lui aussi bombarda l'Allemagne, évoque dans les mêmes termes «(ces) autres machines (qui) attendaient les nôtres pour les abattre, (ces) autres hommes aux visages pensifs, qui étaient beaucoup plus nos frères que les écureuils ne sont ceux du serpent crotale...» (*L'homme à l'épée*).

Jünger, quant à lui, s'interroge surtout sur le caractère énigmatique de la technique, dont il a reconnu le paradoxe, bien avant que Melvin Kranzberg le formule dans la «loi» qui porte son nom : «La technique n'est ni positive, ni négative, ni neutre.» Dans son *Journal parisien,* à la date du 4 septembre 1943, il écrit : «La machine est un symbole. Sa vertu appartient au trompe-l'œil : c'est une sorte de moulin à prières.» Pour prier quoi ou qui? Gerhard Nebel, qui appelle Jünger «un aventurier de l'esprit», observe que Carl Schmitt lui demanda un jour s'il comptait l'oraison des anges du ciel comme un acte de Travail. Jünger n'aurait pas répondu...

La sirène prisonnière

La place Edmond-Rostand est une fontaine; novembre en a déjà fait un glaçon, qui jaillit toujours. (Les Romains avaient là un temple et de petits thermes.) Un peu plus bas, devant le Sénat, on décharge à la lumière des phares deux sapins colosses. Le jour se lèvera beaucoup plus tard, entre Meaux et Château-Thierry.

Rien jusqu'aux Vosges, que l'on contourne. Puis l'Alsace ; le Rhin, la première neige sur la Forêt-Noire. Nous faisons halte à Fribourg, le temps d'acheter les *Wachmänner* de l'Avent, ces bonshommes en petit pain qui devancent le calendrier.

La nuit est retombée depuis longtemps quand nous arrivons à Wilflingen. La Stauffenberstraße est éventrée ; nous passons en maraude sous les fenêtres de la Grande Foresterie, qui sont éclairées. Des couronnes de l'Avent sont suspendues à l'intérieur. Pour aujourd'hui, saint Sérapion, nous n'en demanderons pas plus.

*

Nous revenons le lendemain sous la pluie pour la visite officielle. Le docteur Alexandre Jünger, le fils cadet, séjourne à Wilflingen ; quand nous entrons, son père est en veine d'anecdotes historiques :

— Je viens d'écrire une note sur Courbet et la destruction de la colonne Vendôme ; la colonne est dédiée à Napoléon et à la Grande Armée, et n'a aucun rapport, sinon toponymique, avec le duc de Vendôme dont parle Saint-Simon.

(Petit sourire entendu.)

De l'empereur dont parle Cocteau, captif solitaire au sommet de sa colonne comme au fond d'un puits inversé, Jünger saute par analogie à l'antimatière. Il ne recule devant rien, et contrairement à ses *Journaux de guerre,* récrits avec soin, les volumes de *Soixante-dix s'efface* accumulent sans peur tout un capharnaüm d'encyclopédie ; ce que les Suisses appellent tout-y-va. Comme le Hugo des *Choses vues,* il n'hésite jamais à recopier le journal, même à frôler Bouvard et Pécuchet, mais soudain tout cela est déchiré et mis en ordre par un éclair... jüngerien.

« La proximité d'esprits vraiment puissants et de cœurs vraiment grands, indépendants et intrépides, m'abat et m'exalte tour à tour », écrivait le jeune Hölderlin. Jünger sait à merveille abattre et exalter ceux qui l'approchent.

Tandis que l'on nous sert le *Sekt* et les gâteaux secs (Mme Jünger : « Vous connaissez le ceremoniel... »), Jünger parle de l'Aigle noir de Prusse.

— Au moment d'établir les promotions, Bismarck se demandait « qui noircir »...

Alexandre demande à son père si lui-même a été « noirci ». Wilflingen, dernier lieu du monde où un fils peut, de bonne foi, s'enquérir si son père a été décoré de l'Aigle noir...

Jünger préfère aujourd'hui d'autres décorations, comme cette médaille frappée en son honneur qu'il nous montre volontiers : un scarabée sacré y figure poussant une boule — le Kepri des Égyptiens — sous une devise tirée de son œuvre : « *Die Hoffnung führt weiter als die Furcht.* » L'espérance conduit plus loin que la crainte.

*

Nous allons dîner au *Mohren* — toujours le « ceremoniel ». On y retrouve quelques bâtons ornés défraîchis des Rameaux, et la conversation se poursuit sur le ton des *Notizen,* autour d'un vin râpeux de Heilbronn. Il est question du cardinal de Bernis, «*ein sehr korrumpierte Bursche*», un gaillard très corrompu, diplomate écrivain à la mode de jadis comme du côté germanique et au siècle suivant, un Varnhagen von Ense, le mari de Rahel, qui fit connaître la Russie au marquis de Custine :

— Ses Mémoires sont une source d'informations de premier ordre.

La conversation revient à Paris, au boulevard Saint-Michel précisément, s'accélère et finit par tourner au *name-dropping :* «Roy? Je ne connais qu'un Roy, c'est Jules...» À quelques numéros de lui la maison de Séverine, où mourut Jules Vallès, celle de Raymond Aron, où avait habité Picasso, et l'ascenseur de bois verni et grillagé de la marque Otis-Pifre où Jean Cocteau, saturé d'opium, eut la visitation de l'ange Heurtebise...

Le Luxembourg et ses parages sont décidément le centre du monde : c'est que le monde n'est fait que de centres, et de trous. Il n'est pas jusqu'au saint Georges de la fontaine, devant le *Mohren* où nous nous séparons, qui ne parût songer à la sirène de la place Edmond-Rostand, prisonnière de la glace...

Le trompette de Riedlingen

Riedlingen est une ville sans bêtes, du moins sans bêtes vagantes : pas un chien ni même un chat ne court les rues, en revanche elles tiennent le haut du pavé, et même un peu au-dessus : les enseignes et frontons recopiés de l'ancien, où la ménagerie triomphe : le paon, le griffon, l'agneau, le cerf, parmi les mieux achalandés. (À Biberach on trouve évidemment le castor ; la cicogne, le bœuf rouge ; ailleurs au bord du lac le brochet.) L'ancienne langue appelait *bestions* ces animaux héraldiques, et ne se hâtait pas de distinguer les vrais des fantastiques. Fantastiques, ils le sont tous, et vrais tout autant : selon la nature du blason, moins étrécie que la nature des naturalistes. Ses couleurs, « émaux » et « métaux » se déploient selon le spectre de l'alchimie. Les Allemands du vieux temps s'y connaissaient mieux que quiconque, au point d'avoir inventé un nouveau « métal », le fer, que plus tard la Prusse vulgarisera en croix d'honneur.

Le dimanche des Rameaux nous avait surpris devant le *Mohren,* la ville au grand complet processionnant jusqu'à l'église, la fanfare en tête, M. le curé blanc et or et ses enfants de chœur en rouge et dentelles, les adolescents tenant haut leurs bâtons décorés comme des enseignes romaines, puis des gens en habit d'autrefois, des bourgeois de conte d'Hoffmann, velours vert gansé de noir, bas blancs et souliers à boucle d'argent ; puis le reste de la population telle quelle, le tout s'engouffrant pour la messe sous l'œil intéressé d'une cicogne bambine nichée sur le toit de l'hôtel de ville.

*

En novembre nous retrouvons Riedlingen, qui s'embourgeoise : on *piétonnise* la rue principale en la garnissant de petits pavés culturels tout frais sortis d'usine.

Le passage conduisant chez la fleuriste-légumière est transformé en tranchée.

Saint Nicolas est aux vitrines des confiseurs, les lanternes des morts s'empilent chez le droguiste. Les bâtons ornés des Rameaux, ou leurs vestiges, sont entreposés au *Mohren* dans un coin de la salle commune. À la tombée du jour, un musicien de la fanfare municipale quitte le *Cerf,* où il siégeait depuis après la messe, et remonte la rue en s'efforçant dans sa trompette.

Propos d'atelier

Sur la table de marbre de la bibliothèque est posée en évidence une boîte de bêtises de Cambrai :

— J'en reçois une chaque automne depuis plus de soixante-quinze ans... Pendant la Première Guerre j'étais à Cambrai ; j'avais pris mes quartiers chez une famille où l'on me demanda un jour si je connaissais les « bêtises de Cambrai » ; comme je répondais que ce genre de bêtises m'était inconnu, on m'en offrit une, et depuis, il ne se passe pas une année que je n'en reçoive. Il est assez remarquable qu'une telle attention amicale se perpétue à travers le temps et les générations...

(Le jeune Chateaubriand avait pris lui aussi ses premiers quartiers à Cambrai ; il est vrai que lui n'occupait pas la ville. On ne sait si, de son temps, on goûtait déjà aux bêtises.)

Près de la machine à écrire, sous le titre *Materialen*

tracé de la main de Jünger, un épais dossier rassemble les tomes à paraître de *Soixante-dix s'efface :*

— Publierez-vous bientôt la suite de votre journal?

— Deux suites sont déjà prêtes : le troisième et le quatrième tome, qui couvrent les années 1981-1985 et 1986-1990. Ils paraîtront bientôt — je ne suis pas pressé. Il faut se garder de publier trop vite. Quand on bat le tambour, on ne doit pas précipiter le roulement...

— Vous arrive-t-il de remettre vos œuvres sur le métier?

— C'est pour moi une tentation constante, et qui va de pair avec le sentiment d'insatisfaction que m'inspire toujours ce que j'ai fait. Pourtant, et en particulier pour le journal, je récris très peu. Après tout la tentation elle aussi est un hasard...

Le *nulla dies sine linea* de Pline, «pas un jour sans une ligne», doit s'entendre pour Jünger en lisant et en écrivant : le *toller Leser,* le liseur enragé qu'il se plaisait à reconnaître chez le président Mitterrand, c'est lui-même qui en fournit le prototype. Il lui arrivera même à l'une de nos visites d'expédier le dîner du *Mohren,* au motif sans réplique qu'il devait rentrer lire Tourgueniev...

Pour le moment il s'occupe de Julien Gracq, et tient à nous le faire savoir :

— Dix à quinze lignes de lui pour commencer la journée... un très bon exercice. Il emploie des mots rares, qui ne sont même pas dans le Littré. C'est un amateur de vocabulaire...

Le souci du mot propre, qui passe avant tout, distingue les gens de métier parmi les écrivains, ceux qui se sont mis à l'école d'un art, d'une science, d'une technique, ainsi de la zoologie et de la botanique pour Jünger, de la géographie pour Julien Gracq, de la chimie pour Primo Levi... Et c'est aussi un très bon exercice que de raconter à Jünger, en s'efforçant à la précision ornithologique, notre promenade du matin au bord du lac à Überlingen, et la bataille nautique que provoque le pain que nous jetons : le canard ou le foulque qui s'en empare, aussitôt pourchassé, rejoint, harcelé de toutes parts, obligé de plonger pour avaler sa provende, les mouettes survolant la scène, prêtes à fondre « comme des stukas » (la comparaison est de Mme Jünger).

Quant aux cygnes — que Jünger appelle *cynges,* en français —, deux blancs et un gris duveteux, encore à demi oison, croisent au large. Nous leur lançons des bribes en tâchant qu'elles ne soient pas volées par les mouettes ou même par les pigeons des planches, qui se perchent jusque sur nos pieds. Trois poules d'eau noires, indifférentes — ou rassasiées — s'éloignent l'une derrière l'autre, comme une procession de carmélites.

*

Le rouge survit à toutes les autres couleurs de l'automne : ainsi de ces fruits rouges comme des cynorhodons, qui couvraient les arbres nus sur la berge du lac; mais il n'est pas question d'en parler à Jünger, faute de savoir exactement les nommer.

À notre retour, la « route souabe des poètes » nous réserve un dédommagement : une déviation mal indiquée nous perd et nous nous arrêtons avant Sohlen au bord d'un verger — la neige criblée de petites pommes rouges.

Bulgarie-Souabe

«Le dimanche après-midi il ne se passe jamais rien.» Encore Roger Nimier n'était-il jamais venu à Riedlingen un dimanche après-midi de la fin mars. Le printemps reste une affaire assez théorique de calendrier ; il pleut ; il fait froid. Tandis que nous allons, près de l'hôtel de ville, inspecter la vitrine de la marchande de cigares, du haut de la librairie une antique vigie nous observe, nous et le reste, apostée à journée faite derrière ses rideaux. Il est satisfaisant pour l'esprit de la savoir là, à sa place, comme la cicogne dans son nid sur la cheminée du bourgmestre.

Des affichettes convient la population à venir écouter des chants bulgares à l'église paroissiale. «Chœurs de garçons et d'hommes de Plovdiv» : c'est écrit en français, au pochoir, sur les flancs d'un autocar fourbu. Honneur à Lamartine ! Nous allons donc, au moment où une ménagère sort promener un teckel obèse. Il renâcle à franchir le seuil, crainte de se mouiller ; elle doit tirer des deux mains sur la laisse élastique. Nous reconnaissons la vigie à ses cheveux bois de rose. Elle ne va pas aux voix bulgares, elle contournera l'église en traînant son chien qui frétille de protestation.

Après les chœurs, et puisque le dîner n'est pas encore à l'horizon, nous irons nous attabler *Au Cerf, Zum Hirsch,* où s'entasse une clientèle des deux sexes qui alterne bière brune et schnaps de poire. La tenancière donne l'exemple, et l'on voudrait compter les bocks et les petits verres qu'elle descend d'une main sûre ; on s'y perd bientôt.

*

Un gros homme en uniforme verdâtre et casquette rôde autour des voitures à l'arrêt.

— Ici, les contractuels ressemblent à des policiers, et les policiers à des S. A...

Comme il pleut, il glisse son P.V. sous l'essuie-glace dans un étui de plastique transparent. Décidément ce peuple pense à tout...

Nous laissons là les automobiles pour redescendre au Danube, frais comme une source (que d'ailleurs il n'est plus que depuis peu).

*

Demain la vie reprendra son cours. Nous pourrons aller à la banque, retirer de l'argent sous un immense crucifix, et acheter du vin de Heilbronn en bouteille de un litre chez le marchand de la place, entre un petit ramoneur en tournée et une religieuse à l'habit bleu lessive.

Chênes & anémones

Porte close à la Grande Foresterie : nous sonnons, repartons, revenons sur nos pas, sûrs de l'heure et de notre bon droit. Tout à coup Mme Jünger surgit près du jardin, en grand deuil : elle rentre d'un enterrement où l'a conduite le châtelain, qui au retour a déposé Jünger à Riedlingen où il nous attend, au *Mohren*. Un quart d'heure plus tard, nous le retrouvons en effet attablé devant un bock, sous les massacres familiers.

Le cerf est au menu : nous en commandons, avec un potage qu'il faut manger sous l'œil goguenard du maître, heureux de se délasser de cet après-midi de pompes funèbres.

— Vous avez mal aux dents ?

(Parce que vous tardez à avaler la soupe chaude.)

C'est Nicolaus Sombart — qui sans doute ne l'aimait pas beaucoup au temps du Groupe 47, mais un demi-siècle passant les jeunes gens en colère se raccommodent avec l'Histoire — qui aujourd'hui définit Jünger par son humour, ou plutôt son *Humor*, le terme allemand étant plus vaste et aussi plus sauvage que le français, qui a peut-être trop d'esprit. « On le voit souvent à la télévision, dans des interviews où il prend la posture du vieux sage qui sait tout et voit les choses depuis les étoiles... C'est notre Montaigne... »

*

Jünger au *Mohren* parle de tout, de ce qu'il mange et de ce qu'il boit, du temps qu'il fait et du temps qui passe, et aussi de littérature, pour complaire à ses visiteurs. Non, il n'a pas connu Klabund, ni Klages. Hofmannsthal ? À ses yeux ce n'est pas un maître de la poésie allemande. Stefan George, pas davantage (on ne se hasardera pas à lui parler de Rilke). La télévision française passe-t-elle son portrait après celui de Malaparte ?

— Je ne l'aime pas beaucoup.

(Certes, mais nous saurons gré à Malaparte d'avoir écrit que « sans la France, l'Europe serait une immense Bulgarie ». D'ailleurs, pourquoi Bulgarie ? Voilà qui n'est pas très amical pour le pays qui a toujours apporté des roses à la maison de Lamartine, et qui en 1876 nommait Victor Hugo citoyen d'honneur. Disons plutôt, et mieux, que sans la France, l'Europe serait une immense Allemagne.)

Nous raccompagnons Jünger à la Grande Foresterie et n'importe l'heure, il faut sacrifier au « ceremoniel ». Mme Jünger, qui croyait pouvoir se reposer, apporte le *Sekt* et les alcools.

Le crédit légendaire que son nom garde dans certains milieux nationalistes exaltés le fait sourire :

— Le nationalisme est un train dont je suis descendu depuis longtemps.

(Connaît-il le mot ferroviaire de Péguy, dans *Notre jeunesse* : « Prendre un billet au départ, dans un parti, dans une faction, et ne plus jamais regarder comment le train roule et surtout sur quoi le train roule, c'est, pour un homme, se placer résolument dans les meilleures conditions pour se faire criminel » ?)

— Je suis conservateur, si l'on veut, mais à la manière du chêne et de l'anémone… Goethe, voilà à mes yeux ce qu'est un conservateur.

Conserver à l'homme, à travers toutes les circonstances, la possibilité du meilleur : il serait fructueux d'étudier les successives positions de Jünger du point de vue de cet opportunisme sacré, quand on ne l'a fait jusqu'ici qu'avec un préjugé de censure idéologique, à partir d'un intemporel et d'un irréel de la politique bien confortables...

« Ici ne s'ouvre qu'un seul chemin, celui de la salamandre, qui mène à travers les flammes » (*Journal,* 30 avril 1944). Il était moins périlleux d'être conservateur « à la manière du chêne et de l'anémone », au temps de Goethe. Paulhan, à propos de Jünger, parlait d'une « volonté de noblesse ». C'est la part faite à l'intemporel, à la paix des profondeurs, au-delà de toutes les tempêtes : « ... au sein des dangers d'un monde dont nous ne savons de science certaine qu'une seule chose : un jour vient où nous le laissons derrière nous » (*Chasses subtiles*).

*

Il fait nuit depuis longtemps quand nous prenons congé sur le perron ; nous parlons encore de Fontenelle et des autres athlètes de la longévité, Saadi, que l'on oublie toujours, et qui vécut jusqu'à cent six ans, ou cent huit... Nous repartons en prenant au large, par Langenenslingen et les bois des Stauffenberg ; une biche et son faon traversent dans nos phares, deux flammes blanches dansent un instant devant nous. Nous reviendrons le lendemain choisir un chêneteau, à peine plus qu'un gland germé et condamné par la proximité du chêne paternel. Il reprendra en terre d'Alsace, pour enseigner à son tour la « science certaine » des chênes et des anémones...

L'enchantement des mythes

La turne où nous reçoit Pierre Boutang domine la maison, qui domine elle-même la proche forêt de Saint-Germain. Un tome du dictionnaire de Bayle, qui prenait indûment la place d'un interlocuteur, a tôt fait de voler dans un coin. L'admiration que le philosophe français professe depuis toujours pour le vieux mage d'outre-Rhin s'est toujours nuancée de méfiance, jusqu'à voir dans *La paix* une «noble ruse», en tout cas «une nouvelle formule du germanisme[1]»...

— Jünger a beaucoup médité sur le temps; sa méditation toutefois prend sa source moins chez les philosophes ou les théologiens, comme saint Augustin, que chez Hésiode...

— Précisément : je ne crois pas du tout que les Allemands soient proches des Grecs, et le fait que l'Allemagne pensante ait si mal tourné à certains moments tient à cet éloignement des Grecs. En cela Jünger est très allemand : il s'intéresse au temps de façon massive, comme Heidegger, et prend très au sérieux les mythes, comme Schelling...

— Le seul portrait de philosophe qui figure dans sa bibliothèque est justement celui de Schelling...

— ...Ce que la Bible nous apprend, c'est que le temps a été créé : Dieu crée le ciel et la terre, et le temps. Mais cela, Jünger semble ne pas le savoir.

— Il y a chez lui une ambiguïté : il relève du versant français de la littérature allemande — l'héritage des

1. *Les abeilles de Delphes* (La Table ronde, 1952).

moralistes, de Rivarol, à travers Nietzsche — et en même temps, de la postérité d'Hölderlin...

— Surtout la postérité d'Hölderlin. Mais sans la folie, ce biais terrible par lequel Hölderlin est devenu ce que jamais Jünger ne pourra devenir, il est bien trop solide et aussi trop malin pour cela. C'est ce qui me gêne quelquefois chez lui : s'il arrive que ses personnages risquent la folie, lui ne la risque jamais. Il lui a échappé, depuis toujours.

« Ce qui m'a le plus intéressé chez Jünger, le Jünger que je persiste à tenir pour le plus vrai et le plus utile, c'est dans *Sur les falaises de marbre* la rencontre de l'esprit de prophétie avec une civilisation : ce qu'est la Marina, qui représente ce que l'hellénisme et la latinité pouvaient apporter à une Allemagne au sommet de la culture.

— Jünger vous a écrit un jour, à propos de l'Action française, qu'il avait regretté qu'une « Action allemande » analogue n'eût jamais existé outre-Rhin...

— J'avais souri. Il me semble que c'était une pure impossibilité. D'ailleurs Jünger convient lui-même dans *L'État universel* qu'en Allemagne l'État n'a jamais été tout à fait réel... L'État ne s'est jamais vraiment incarné, l'unité allemande ne s'est jamais vraiment faite, il n'existait donc pas, en Allemagne, cette tradition monarchique, cette unité millénaire, à quoi pouvait se référer chez nous l'Action française.

« Mais cette analogie qui à mes yeux est tout à fait fausse le conduit à d'autres erreurs, comme par exemple encore dans *L'État universel* où il voit, en 1961, un accord et presque une identité entre l'expérience soviétique et l'expérience américaine. « Les deux étoiles se ressemblent», la blanche et la rouge, et il attend qu'elles se confondent, ce qui est tout de même très extraordinaire…

«Faire de l'Amérique un pouvoir gigantesque, contrepoids du pouvoir soviétique, ces deux pouvoirs finissant par s'assimiler mutuellement, c'est négliger les éléments de décomposition, de corruption, de décadence que renferme la démocratie libérale comme c'est négliger les éléments de crime absurde que renferme le communisme, qui aboutit à la ruine et au désordre quand le système, comme on le voit depuis 1989, tente d'échapper à lui-même. Ce qu'il y a d'insoluble dans la situation présente, c'est bien cela : nous avons deux anarchies face à face, et non pas deux pouvoirs qui tendraient à s'harmoniser. La prophétie des deux étoiles était tout au plus une fable. Il n'y a là aucune opération proprement historique. L'Histoire est ici une légende qui se rêve, le précurseur des théophanies… En fait il n'y a pas d'Histoire, et l'Allemagne est un pays sans Histoire : la fuite sur place de l'esprit allemand rend impossible toute Histoire et toute rationalité politique.

— Jünger reconnaît pourtant comme dernière instance du politique ce qu'il appelle l'anarque, c'est-à-dire l'individu en qui a reflué toute possibilité de civilisation : c'est Énée quittant Troie en flammes, portant sur son dos son père et les dieux lares. Il est étrange que Jünger commence à appréhender le politique dans cette situation catastrophique et paradoxale, puisque l'anarque c'est aussi bien *le contraire* du politique…

— C'est en même temps le politique et le contraire du politique. Après tout il y a des «anarchies nécessaires» : c'est un thème maurrassien, d'origine proudhonienne.

Qu'est-ce au fond qu'un anarchiste ? — je me suis senti anarchiste bien souvent — Quelqu'un qui a le sens des lois non écrites. L'anarque de Jünger est celui qui refuse la soumission, finalement toujours aveugle, à la loi écrite. Car la loi écrite est meurtrière, la loi écrite est déshonorante, la loi écrite oublie toute la condition même de l'homme, et oublie l'homme éternel. Il y a chez Jünger, même si l'on est obligé de faire les plus grandes réserves sur son prophétisme, un sens évident de l'éternel et des lois non écrites. Quoiqu'il ne parle pas beaucoup d'Antigone, je crois qu'il dirait d'elle ce qu'en dit Maurras : « L'anarchiste, c'est Créon. » Antigone est une petite légitimiste. Ce n'est pas du tout ce qu'on a cru, mais c'est ce qui était parfaitement compris par la tragédie grecque.

« L'anarque est donc celui qui prend à revers et à rebours l'« archie », toutes les hiérarchies politiques et sociales, et qui rappelle aux « archistes », c'est-à-dire à la plupart des conservateurs, qu'ils sont des imposteurs et qu'ils ne défendent pas la loi non écrite ni la légitimité. En tant que tels ce sont de faux « archistes » ; d'ailleurs le conservateur et l'anarque se trouvent souvent face à face chez Jünger.

— La première figure de l'anarque et la plus pathétique est peut-être chez Jünger le prince de la Marina…

— En effet ; et l'échec de son entreprise m'avait paru significatif et extrêmement touchant. L'effort pour restaurer une légitimité et un ordre profond ne peut être tenté que dans la faiblesse, comme si le gouvernement providentiel du monde voulait qu'il fût impossible de restaurer la légitimité par la seule force. La force toute seule, toute simple et toute brute ne peut pas retrouver les lois secrètes et sacrées. Ces lois, ne les retrouveront qu'un prince faible, qui n'est rien par lui-même, ou bien une femme, Jeanne d'Arc, mais sûrement pas la puissance brutale.

— Cette puissance brutale et aveugle que Jünger a d'autre part hypostasiée dans les Titans, dont il semble parfois attendre qu'ils coopèrent, fût-ce aveuglément, à cette nouvelle «épiphanie» qu'il attend...

— C'est encore toute l'ambiguïté de Jünger et, à travers lui, de la «métaphysique» allemande qui souvent rêve, pense, prophétise d'un même mouvement... L'Allemagne n'a jamais été tout à fait évangélisée. Il est curieux de mesurer, même chez des esprits supérieurs comme Jünger, le peu de portée de l'influence du christianisme... Au fond, ils n'y ont jamais cru. Jünger dit qu'il faudrait débarrasser sa métaphysique — bien qu'il ne soit pas exactement métaphysicien, il parle souvent de sa métaphysique —, qu'il faudrait la débarrasser de la théologie. Étrange opération : que reste-t-il à une métaphysique, une fois débarrassée de la théologie? Je crois qu'elle devient folle. On en revient par là à ce qui me paraît le plus faible de sa pensée, qui en est peut-être aussi le plus allemand : ce prophétisme historique et politique lié à sa mythologie du temps.

«Je ne peux m'empêcher de penser qu'il y a chez Jünger une grande tristesse devant ce que l'Allemagne a pu manquer, et aussi une grande inquiétude à l'idée que quelque chose d'autre que l'Allemagne pourrait l'accomplir. Après tout c'est là la forme de son patriotisme, et je ne vais pas m'en fâcher...

Marmelade de melon

Le poêle de Descartes n'est pas à Ulm, comme d'aucuns l'ont voulu croire en lisant Baillet son biographe ; de plus méthodiques investigateurs l'ont reporté à Neubourg, principauté quasi bavaroise autrement nommée « Jeune Palatinat ». C'est là qu'il prend ses quartiers d'hiver début novembre 1619, « tout le jour enfermé seul dans un poêle, où n'ayant... par bonheur aucuns soins ni passions qui (le) troublassent, (il avait) tout loisir de (s')entretenir de (ses) pensées ». Enfermé seul dans son poêle, le maître de la méthode se révèle un personnage plutôt hoffmannesque. (Il est vrai que le 10 novembre est la fête de saint Sérapion.) Cette nuit-là Descartes rêve, et fait honte aux cartésiens, le bonhomme Baillet et même Leibniz, pourtant l'un de nos philosophes d'Occident les moins timorés. Les notes qu'il prend à son réveil, on les paraphrase ou on les caviarde ; Leibniz croit bon de rappeler que Descartes « donnait dans sa jeunesse dans des pensées un peu chimériques » ; quant à Baillet, qui voudrait bien mettre toute l'histoire sur le compte du vin, il évoque une espèce de surmenage, « il se fatigua de telle sorte que le feu lui prit au cerveau et qu'il tomba dans une espèce d'enthousiasme » propice aux songes et aux visions.

*

De ces rêves qui sont la source étrange du rationalisme moderne, seules quelques bribes nous sont parvenues. Des « fantômes » tout d'abord, qui l'« épouvantèrent », puis un collège et son église où il veut aller prier, « mais s'étant aperçu qu'il avait passé un homme de sa connaissance sans le saluer, il voulut retourner sur ses pas... ». Le vent, soit, dit Descartes, l'esprit du mal, l'en empêche, le repousse violemment contre l'église : *A malo spiritu ad templum propellebar.* C'est une espèce de tourbillon qui n'affecte que lui, « courbé et chancelant », à l'entour il s'étonne de voir tout un chacun « droit et ferme sur (ses) pieds ». Quelqu'un l'appelle par son nom, lui demande d'aller trouver un tiers qui lui remettra quelque chose, soit le melon en quoi le docteur Freud verra sans trop de surprise une « représentation sexuelle ». Descartes se réveille, « une grande faiblesse au côté droit » ; il parvient à se rendormir, pour être aussitôt réveillé par « un bruit aigu et éclatant qu'il prit pour un coup de tonnerre ». Il voit sa chambre emplie d'« étincelles de feu », phénomène habituel à Descartes, selon Baillet, qui lui prête des « yeux assez étincelants », privilège de voir « pendant les ténèbres de la nuit » que lui-même, dans *La Dioptrique,* reconnaît en partage aux chats et à quelques hommes. Le troisième rêve, consécutif aux deux premiers, est plus reposant et aussi plus raisonnable, avec ses devinettes poétiques et ses injonctions morales. Descartes cite Ausone, *Quod vitae sectabor iter ?* Quel chemin suivrai-je en la vie? et rêvant, décide qu'il rêve et s'occupe en rêvant d'interpréter ce qu'il a vu. Ce que Leibniz nous en a recopié ne plaide pas pour ses capacités symboliques : le vent signifierait l'esprit, la lumière la connaissance, la chaleur l'amour et ainsi de suite jusqu'au melon, qui représenterait « les charmes de la solitude ». Bouvard et Pécuchet n'attendent plus que le docteur Freud.

C'est de l'Hoffmann, donc, et de l'assez plat. Saint

Sérapion n'a guère envoyé que des rêves banals, proportionnés sans doute aux talents du rêveur. Ce qui n'empêche nullement Jacques Maritain, agitant ses foudres quasi vaticanes, d'anathématiser Descartes à la fois pour son rationalisme et pour son « ésotérisme » supposé.

« Ésotérisme » est un de ces mots piégés, faits pour rendre fous les professeurs. Si Descartes avait été capable d'« ésotérisme », si même il avait été rose-croix comme on le répète sans avoir la moindre idée claire ni distincte de ce qu'on dit (de ces rose-croix dont il se moque si fielleusement dans ses *Préambules*), croit-on qu'à cette heure on parlerait de lui comme on en parle, comme le père spirituel de notre monde moderne ? La foudre, même bénite, n'exclut pas un brin de méthode. Il est vrai que Maritain, quoi qu'il en pensât et dût-il en ressusciter d'horreur, était tout aussi *moderne* que ce Descartes qu'il faisait profession de détester...

L'écrivain & son personnage

Schule ist begonnen : l'école a commencé, et les calicots tendus d'un arbre à l'autre par-dessus les routes sont les drapeaux blancs qui recommandent les écoliers à la clémence des automobilistes. Les voitures à l'arrêt sont bombardées de marrons d'Inde, un soleil en demi-solde réchauffe la Grande Foresterie où Mme Jünger nous accueille pour nous abandonner aussitôt, le café servi et la tarte à la cannelle à la crème fouettée, au grand écrivain seul, tracassé ce jour-là par son personnage.

(Une femme d'esprit est pour un grand homme un constant rappel à la mesure humaine.) Sans elle, et malgré nous, la mécanique littéraire et mondaine s'enclenche, qui bientôt nous fait presque regretter le sot désir de la visite à Bergotte. (C'est un peu, selon Koestler, vouloir rencontrer l'oie en personne quand on a aimé le foie gras.) On se rassure : les livres familiers sont là, on repère Saint-Simon, Balzac dans la première édition de la Pléiade, Virginia Woolf, Conrad, Camus, Melville parmi les nobles étrangers ; Hamann et Trakl parmi les compatriotes ; on aperçoit le coin des dictionnaires dans le cabinet de travail adjacent, on devine la rangée du Brockhaus, celle de l'*Encyclopædia britannica,* le Littré dans l'édition Pauvert ; on détaille encore une pieuvre, une tortue, la coiffe de *chief captain* rapportée du Liberia, un varan naturalisé encore inconnu, les cartes en parchemin sur l'abat-jour, dont celle de l'Afrique, un microscope en batterie… Mais enfin, il faut bien parler. Jünger se cale dans sa renommée et c'est près d'un siècle d'histoire et de littérature qui nous contemple. Il sait bien que personne ne peut le contredire ; il abuse un peu de la situation.

— De Gaulle a eu en même temps que moi les mêmes intuitions sur la guerre totale. De ce point de vue nous sommes contemporains. De même Barrès : nous avons délaissé en même temps le mot « national » pour parler de « nationalisme »… (Tout de même : le « nationalisme », sauf erreur, est apparu sous la plume de Barrès en 1892…) Je suis en train de lire son livre sur Venise, qui est très bon. Il ne faut pas s'arrêter à son roman sur Metz…

— *Colette Baudoche ?*

— Oui, qui est un peu plat… (etc.)

De Barrès nous passons à l'un de ses témoins, cité

au procès que lui intentèrent les surréalistes : Drieu la Rochelle. Jünger lit son *Journal,* édité par Julien Hervier.

— Drieu s'y montre souvent furieux — ce qu'il dit des juifs, des femmes en particulier... ; c'était un esprit confus (en français). Mais c'était aussi l'époque qui était confuse...

— ... Et furieuse...

— Quant à son suicide... là comme ailleurs les gens ont besoin de gourous. Il aura été pour beaucoup un gourou du suicide. Mais il y a d'autres moyens...

(Ce qu'il y a de *titanique* chez cet adversaire et dénonciateur des Titans... Tout ce qu'il dit est évidemment sans réplique, tombe du haut du Mur du Temps ; il est hors d'atteinte, et secrètement amusé de l'être. On aurait sans doute aimé rencontrer l'auteur de *Sur les falaises de marbre* il y a cinquante ans. « Nietzsche est un Titan », écrit-il quelque part. Jünger aussi, il a quelque chose de cette ambivalence que décrit son ami Kubin dans *L'autre côté,* où l'inventeur de l'empire du Rêve et son destructeur apparaissent à la fin comme les deux masques du même être. Qu'y a-t-il d'*allemand* dans cette ambivalence ?)

Jünger arbore une cravate de soie où une admiratrice a peint l'un des insectes qui portent son nom. Jusque dans le costume il tient son rôle. Nous sommes tombés dans une semaine d'intense activité professionnelle. Pas un jour qui n'amène à Wilflingen la visite d'un traducteur, français ou américain, d'un chercheur allemand ou étranger :

— J'attends demain une journaliste qui doit m'interroger sur Friedrich Sieburg. Je suis devenu un bureau de renseignements sur le siècle...

(La photo de Sieburg se trouve dans le « coin des amis morts ».)

*

Jünger tient son rôle, il y met peut-être un peu de complaisance mais il le tient, non sans scrupule ni une bienveillante égalité d'âme. Un Bruce Chatwin sera bien mal inspiré, après son unique visite à Wilflingen, de reprocher à son hôte sa propension à réciter son journal, et à perdre le fil de la conversation dès qu'il n'est plus question de lui... De quel écrivain tant soit peu notoire ne pourrait-on pas le dire ? Il y a bien de l'égocentrisme dépité dans ce procès pour égocentrisme littéraire... Il est vrai qu'on vient voir Jünger le plus souvent pour l'écouter. Depuis cent ans bientôt, il en a pris l'habitude...

... Des insulteurs aussi. En France comme en Allemagne, les gazettes se sont fait l'écho de l'« affaire Jünger ». Le dossier que le procureur Freisler, le grand inquisiteur du IIIe Reich, instruisait contre lui fin 1944, et qu'on vient d'exhumer des archives berlinoises, serait un faux. Un éminent universitaire de Fribourg crie a priori à la supercherie. Jünger se trouble modérément.

— Ce sont des réactions émotionnelles... Ce professeur s'occupe de Heidegger, c'est par là qu'il s'intéresse à moi. Il est entendu que (il compte sur ses doigts) Heidegger, Carl Schmitt et moi-même sommes les grands malfaiteurs qui ont permis aux nationaux-socialistes d'arriver au pouvoir.

(Jünger précise qu'il n'a jamais dit « nazis », « pas plus que "sozis" pour sociaux-démocrates. Ce sont des abréviations méprisantes ».)

— On présente souvent *Le Travailleur* comme le livre qui a tout déclenché. Or il a été publié en novembre 1932 et Hitler a gagné les élections en janvier 1933, c'est-à-dire deux mois plus tard. Si vraiment les nationaux-socialistes ont tout appris dans *Le Travailleur,* alors ce sont des lecteurs géniaux... Et c'est aussi nous reconnaître, à nous autres les malfaiteurs, un pouvoir énorme...

Mme Jünger réapparaît avec quelques flacons de bonne compagnie, dont un schnaps de poire que nous recommande Jünger — un fruit est emprisonné dans la bouteille. Lui se réserve un alcool de cassis distillé avec les baies du jardin. Il se met enfin en congé de son personnage, revient aux tortues, qui se préparent déjà au *Winterschlaf,* à l'hivernage, aux insectes qui l'occupent plus sérieusement que les chicaneries politico-littéraires. Nous lui avons apporté des photos des serres aux papillons de Robert de Goulaine, le châtelain romancier vigneron entomologiste. Toutes affaires cessantes il les scrute à la loupe, demande timidement :

— Vend-il des papillons ?

Puis, en levant les yeux de sa lecture, avec la mimique et l'intonation d'un enfant qui espère contre l'évidence :

— ... et peut-être aussi des coléoptères ?

Il nous montre du doigt un tiroir-vitrine de son insectier posé à même le sol, en instance de classement :

— Vous voyez, ils me coûtent toujours aussi cher...

Jardin (sans route)

Jünger fait les honneurs de son jardin au pas de charge. Tout est planté à l'alignement, un alignement parfait pour cette revue des fleurs et des simples à quoi il nous convie. Le maître nous précède et désigne tour à tour, à droite et à gauche, les divers carrés que nous doublons :

— Persil... melons... zinnias...

Puis l'allée se perd en labyrinthe, ou plutôt les perspectives s'inversent ou dévient et nous désorientent, quand tout ne cesse en apparence de respirer un ordre irréprochable. Sans doute un jardin est-il en quelque manière un portrait chinois de son jardinier ; ici portrait arabe conviendrait mieux, ou persan, à défaut d'un adjectif qualifiant les *Mille et Une Nuits* dont Jünger est un naturel.

Un muret surgit devant nous, garni d'une interminable rangée de coloquintes, gourdes, pâtissons, toute une batterie de verrues cucurbitaines, jaunes ou vert grenouille ou blanc pelure d'ail, jusqu'à l'orange claironnant du potiron. (On veut croire, pour l'honneur de l'Empire, que les variétés dites « bonnet d'électeur » et « trompette d'Allemagne » sont congrûment représentées.)

— Tomates.

Elles pendent ici à profusion. C'est une année à tomates, en Souabe comme ailleurs. Nous contournons un mur de clématites bleu clair qui se respirent *more puerili* en y chaussant le nez : la fleur se colle à vous comme un parachute, notre hôte en passant arrache quelques corolles flétries ou mal venues :

— Il ne faut garder que les plus belles.

Le jardinage renchérit sur l'aristocratisme de la nature ; vérité non transposable en d'autres domaines, ou d'aucuns malheureux voudraient jardiner l'homme comme les clématites. Nous arrivons à un prunier dont Jünger saisit et incline vers nous une branche aux quetsches un peu grêles. Le brouillard s'est entièrement levé sur cet « automne radieux » qui appelle les vers de Trakl, « avec le vin doré et les fruits des jardins ». (Trakl que l'on peut citer céans, l'une des rares exceptions qu'admet Jünger, pour qui la littérature allemande — il le répète non sans une insouciante provocation — s'arrête avec la mort de Nietzsche.)

Au-delà du prunier, arbre terme, Jünger nous montre un rideau de hampes velues, des sortes de cannes de la pampa, compatriotes végétales de « M. Borges ». Nous faisons demi-tour. Au milieu de la pelouse le chat Idriss repose sous une stèle marquée d'hiéroglyphes, non loin des grands iris bleus et du bassin fatal à la tortue, qui un beau matin que ses maîtres étaient en voyage alla s'y noyer. Au haut d'une colonne, camouflé par un buisson de roses, un buste *bifrons* veille sur le jardin. Tourné vers l'extérieur, c'est un dieu encapuchonné à barbe de fleuve, très « compagnon d'enfance de Jupiter » ; son autre face est une jeune vierge guerrière, Pallas ou Diane ; elle regarde la maison.

Carolina carolina

Caroline a les joues rouges et les lèvres jaunes. Jünger lui grattouille la gorge pour faire connaissance, puis on descend au jardin ; Caroline réintègre son panier et la paille d'Alsace jusqu'à l'enclos des tortues, un petit bastion qui flanque la Grande Foresterie. Notre hôte flatte en passant le taurillon de bronze, cadeau d'une autorité locale (« le sous-préfet de Biberach ») qui veille dans l'antichambre sur les lettres arrivées. Comme chaque automne, ses pattes arrière sont environnées de petites châtaignes : Jünger s'amuse à faire remarquer ces bouses figuratives. (Mais dit-on bouse d'un taurillon ? et que dit-on d'un centaure ?) L'enclos des tortues est une maisonnette à ciel ouvert et porte fermée ; la mésaventure nautique de la précédente locataire rend les consignes de fermeture indiscutables. Jünger dépose Caroline sur la litière du fond, le long du mur, puis, un peu penché en avant, jambes écartées, mains à plat sur les cuisses, il cherche alentour les premières occupantes. Il les repère vite malgré leurs efforts de camouflage, s'en empare en riant à froid, les soupèse l'une après l'autre et les jette dans le même coin comme il aurait fait de grenades : Gigas et Théodolinde.

La présentation s'accompagne d'un aperçu de sexologie chélonienne : le sexe de la tortue se remarque à la forme de l'écaille ventrale, plate chez la femelle, concave chez le mâle, le ventre de celui-ci s'emboîtant au dos de celle-là. L'allemand paraît plus familier, qui appelle le mâle et la femelle *Männchen, Weibchen* : « petit homme », « petite femme » ; mais c'est sans doute pure apparence, en français aussi « mâle » et « femelle » sont des diminutifs. On l'a oublié et peut-être même ne l'a-t-on jamais su, hormis quelques maniaques du latin que l'on suppose dénués d'intentions hypocoristiques.

Quand nous reviendrons plus tard la visiter dans ses nouveaux aîtres, nous retrouverons Caroline sous les dents-de-lion, serrée de près par Gigas et surveillée par Théodolinde. *Therapene Carolina Carolina,* de quelle Caroline s'agit-il par le détour de la géographie ? Jünger avance à tout hasard le nom de Caroline de Brunswick et rappelle ses malheurs conjugaux, en un temps où le divorce n'était pas une coutume de la cour d'Angleterre. Il rappelle aussi son stoïcisme (dont la coutume en revanche s'est perdue). Vérification faite auprès de M. Larousse, qui sait tout, la Caroline américaine, et les tortues qui en procèdent, remonteraient plutôt aux Stuarts ; à ce Charles Ier qui meurt si noblement dans *Vingt ans après.* La Caroline qui nous occupe est loin de ces considérations royales. Elle s'endormira bientôt pour l'hiver, pour ce *Winterschlaf* dans les ténèbres de la cave, d'où Jünger la remontera au printemps « quand elle aura sa renaissance » — il mime ce geste solennel de poser la tortue sur son cœur comme un officier aurait fait son tricorne pour saluer l'adversaire au matin de Fontenoy.

*

Son goût pour ces bêtes immémoriales, aussi vieilles que la Terre qu'elles portaient, tient peut-être à leur façon de traverser le temps ; peut-être aussi à des vertus plus secrètes et corollaires : les Anciens estimaient par exemple que les tortues « couvent leurs œufs de la seule vue », signe, d'après Montaigne qui le rapporte, « qu'elles y ont quelque vertu éjaculatrice ». Analogie possible avec l'*auteur*, que la vertu augmentative indiquée par son nom distingue par essence du commun des gens de plume...

De très lentes tortues
Arrêtent de leurs yeux tendres
Sous un corps défendu
Et d'amour sans comprendre

Une dent-de-lion
Allemande et sans hâte

Des narines en trompette
Triomphant du jardin
Dansent et font la fête
Aux très-vieux écrivains.

E.A., octobre 1992

14 juillet

— La France a dû être un bien beau pays...

Maintenant on la traverse de loin, en autoroute, et chemin faisant de grands panneaux dessinés pourvoient à notre instruction. La Champagne et la Bourgogne sont indiquées par une grappe de raisin, les villes par un petit monument stylisé et les forêts par un cerf. Tout est prévu : le tourisme et la culture en panneaux, le repos sur des *aires* où une famille lange le dernier-né dans le coffre, entre deux poids lourds européens ; les *parcs* ou *espaces,* faits pour acheter ou s'esbaudir : ils se terminent en *-land, Achaland* par exemple, ou *Lumiland,* et l'on voudra bien voir dans cette barbarie onomastique une sorte de honteuse excuse...

— Ça suffit comme ça...

... On retrouve la route après Nogent-sur-Seine, « fabrique de nuages » ; sans carte, bonne pour les touristes, on se trompe raisonnablement jusqu'à La Chapelle-Godefroy, puis Troyes sans âme qui vive autour des petits bananiers jaune tendre des plates-bandes municipales. C'est jour de fête nationale, il est quatre heures de l'après-midi. Cas général des villes françaises : passé la ceinture de *zones industrielles* et *commerciales,* partout les mêmes où se regroupe l'essentiel de l'activité des hommes réduite à sa plus quantifiable expression, des hôtels à dormir aux hypermarchés en tout genre, il n'y a plus rien, ni personne. De même à Langres, un mur de lycée-caserne-séminaire debout sur un rocher, et Combeaufontaine, la Vierge dorée, puis le Christ, puis le village, du plus parfait sinistre. Après vient Port-sur-Saône, qui s'ouvre sur une usine d'incinération, la « Saône jolie », *Arar,* exception des grammaires latines (elle fait *Ararim* à l'accusatif, comme *tussim* la toux et *puppim* la poupe). On croise au large de Vesoul, une cuvette avec des maisons dedans, où Monsieur, comte d'Artois, tint sa cour en 1814, le temps que l'Europe lui débarrasse le royaume de Napoléon. Le lieu paraît approprié à cette remise d'*aristocruches,* comme les appelait le jeune Custine, qui les fréquenta — ce fut bref, il fut convaincu du « crime de lèse-nullité ». On passe outre, au milieu des foins coupés en rondins moisis sur quoi l'herbe pousse, et les moutons à queue noire et plate.

*

Des champs de tournesols, « qui ne savent plus où donner de la tête », et avant Lure la route plantée de sapins en poteaux. À Lure, les Vosges s'annoncent à l'horizon ; puis c'est Recologne — est-ce de là que venaient les aïeux de Jules Roy ? — et l'auberge du Rhien signalée par une voiture garée sur le toit. Des bornes en plastique lumineux nous ouvrent le chemin (qui remplacent les anciennes à tête ronde orange en ciment badigeonné, qui remplaçaient les milliaires de César.) La route est belle, à peine un chat écrasé depuis Troyes, un hérisson puis un autre chat. Des chevaux se font les dents sur les arbres ; on traverse des villages encore, sans trop de villageois, mais un linteau pourri supporte une antenne parabolique, et sur une porte de grange dévergondée, « 3615 Bibi », une fausse blonde, promet ses charmes à tous les vents. De quoi les hommes ont-ils besoin ? Un voyageur persan répondra : de piscines, car la vente de ces ustensiles tient une grande place en Haute-Saône ; les marchands signalent leur négoce par deux coques affrontées devant leur entrepôt, qui figurent assez bien la collision de deux péniches de débarquement. On passe vite Belfort, qu'on dirait toujours assiégée, son cœur bétonné dans le goût soviétique de la dernière reconstruction, puis des noms de lieux qu'il faut disputer au crépuscule : Phaffans, Felon ; enfin c'est l'adieu aux Welsches et la terre d'Alsace, le Sundgau tout d'abord, Altkirch — « la tuile d'Altkirch, la meilleure du monde » —, où des rosiers arborescents escaladent les maisons jusqu'au toit et ferment les volets à coups d'épines. Avant Mulhouse, un champ, le troisième depuis Paris, d'une fleur qui ressemble à la lavande, plus basse et grenue — de l'exacte couleur du soir qui tombe.

15 juillet

Plus de douane à Ottmarsheim, seulement quelques douaniers ornementaux qui de honte, sans doute, vous tournent le dos. «BERLIN : 850 km», un seul panneau routier vaut tous les longs discours sur la réunification de l'Allemagne. Le Rhin joue les utilités industrielles, on feint, par égard pour lui, de ne pas remarquer l'affront. L'autoroute ne nous lâche plus avant Fribourg, que l'on traverse au pas, en longeant le lycée français bientôt fermé pour cause de fin de présence militaire. (Pour tout dire la ville ne se met plus guère en frais d'amitié avec la France; le temps est bien révolu où le Fribourgeois Heidegger gracieusait ses collègues de Saint-Germain-des-Prés, en invitant Sartre et Beauvoir à venir philosopher à skis.) Le Taurillon lui-même n'est pas en reste : on nous avait recommandé sa visite comme un devoir augural, comme le nécessaire préalable à toute rencontre avec Jünger, puisque le Taurillon est une figure majeure du bestiaire jüngerien; au lieu des augures attendus, on bute sur un petit banc posé à même le trottoir, un méchant cylindre en granit muni de cornes très hautes et évasées, où un prêtre égyptien aurait sans doute fait tenir la lune, mais que les gamins chevaucheurs voient plutôt en guidon de Harley-Davidson.

*

On en viendrait presque à regretter Moreau, que Klabund décrit «survolant la Forêt-Noire, s'abattant au sol comme un vautour» avant de se faire dragon pour enfumer et flamber les Autrichiens embusqués dans le Val d'Enfer, qui jamais ne porta si bien son nom. Cette année-là le Directoire faisait la chasse aux archiducs. Bien sûr il serait vain de demander à Klabund une leçon d'Histoire; du moins selon les normes habituelles de l'historien bon père de famille. Il prête à Moreau un postulat, dont cette première campagne d'Allemagne est la démonstration : «Il n'y a qu'à penser juste et le monde est détruit.» Moreau que la littérature pas plus que l'histoire militaire ne parviennent à assigner à résidence : son nom ne fait que traverser les *Mémoires* de Chateaubriand dont il fut le condisciple au collège de Rennes; et plus tard Custine écrira une ode à son tombeau, ode prétexte sur un tombeau vide. Entre les deux, les rêves acharnés de Klabund, grimaçants comme les lions de Chine parce que, au dire sensé des experts, les sculpteurs chinois n'avaient jamais vu de lions... S'il faut en croire un autre Chinois, Charles-Albert Cingria, Julien César en sa jeunesse aurait lui aussi hanté ces parages. Celui que sa piété aux anciens dieux fit qualifier *apostat* précédait Heidegger en des solitudes plus hautes et plus salubres que ces obscurs escarpements de sapins. L'Enfer au-dessus de Fribourg est gardé par un cerf, et le Saut-du-Cerf, *Hirschsprung,* fut longtemps un but d'excursion dominicale pour les Badois et même pour les Alsaciens. Une gare les déversait pour la journée ; maintenant les volets sont clos et tout semble à l'abandon, même les rails. Reste un pauvre bestiau vert-de-gris sur sa corniche, devenu sa propre réclame et l'enseigne d'une baraque à souvenirs. En face, c'est-à-dire tout contre et tout autour, rien que le roc rouge et les arbres noirs.

15 juillet (suite)

La Forêt-Noire est la sœur disgraciée des Vosges. Une hâtive symétrie géographique par rapport au Rhin fait négliger l'essentiel, soit l'esprit du lieu qui des unes à l'autre s'inverse. Rien d'accueillant dans ces montagnes sans vallées, sans vaches ni fromages, des rangs de sapins superposés et quelques fermes au toit accroupi. On y voit la route serpenter dans le vide, le Val d'Enfer se hausse entre des rocs où les arbres ne tiennent que du bout des racines ou ne tiennent pas (et alors ils pendent de tous leurs fils mais toujours *in Ordnung,* nous sommes en Allemagne). Ascension en virages : sur le caisson en fer d'un pont qui enjambe la route, des slogans au badigeon dénoncent la menace atomique — déjà de l'archéologie. Puis une sorte de plateau, qui sert à l'exposition d'un tremplin de ski, auquel on a fait servir toute une montagne. Une tour de télévision broche sur le tout. Les dieux inconnus qui gouvernent notre monde exigent des sanctuaires plutôt véhéments.

Nous en finissons vite avec les ponts suspendus, les

carrefours, et par bonheur de petites éoliennes au milieu des prés. On hésite vers Donaueschingen, les avant-faubourgs de la ville pavoisés comme pour un tournoi, puis c'est la redescente vers la vallée du Rhin, direction Geisingen («là, les chèvres chantent»), puis Singen («là, il n'y a plus de chèvres, mais elles chantent toujours»). À Hegaublick, où les Français dépaysés déracinent les bornes lumineuses, que l'administration fédérale remplace par des panneaux tout aussi peu visibles, mais plus résistants, l'auberge du point de vue est cernée par les motocyclettes. Le fond de l'air change, le soir approche, et des moucherons par volées montent et descendent comme au tir forain.

Un gros chien en laine caramel nous dévisage avec les yeux de Romy Schneider. Entre les derniers sapins on devine le lac de Constance, *Italiam Italiam,* on le cherche du regard d'Hannibal achevant de passer les Alpes. Le psaume 64, coulé dans le bronze, invite toute la terre à chanter les louanges du Seigneur; un quatrain qui n'est pas du psalmiste célèbre à sa suite la magnificence du monde, et déplore notre impuissance à l'égaler par le chant.

*

Il faut bien partir, redescendre et trouver Tüttlingen, petite ville éteinte qu'on dirait toute en coulisses, cachée sous l'invocation d'Esculape (les lumineuses façades répètent son nom et ses serpents). On voit mal Victor Hugo et Juliette s'égarer dans ces parages, ce qu'ils firent pourtant en 1840. (Hugo rapporta même de Tottlingen, comme il écrit, une peau de chevreuil dont les poils s'en allaient, que la sœur de Mgr Bienvenu ressortira pour Jean Valjean.) Penser à Hugo est un réconfort, au moment de rallier Sigmaringen.

Paysage nocturne

On ne peut jamais sortir de Sigmaringen. C'est un chaudron, vous passez le pont Saint-Jean-Népomucène, vous montez quand il fallait redescendre et contourner : de grosses Souabes diligentes et incompréhensibles vous le répètent, mais rien n'y fait, il faut revoir le prince à casquette plate guindé sur son cheval qui donne l'assaut à une banque, revenir enfin sur vos pas et tourner le dos à l'un des deux châteaux de Céline, le pire. Cette masse turgescente qui écrase tout, illuminée parce que c'est le soir, toutes ses tuiles dehors d'un rouge claironnant de Moyen Âge hollywoodien — que vient-on chercher ici, quand on est français ? Le malencontreux souvenir des plantons à fourragère, « tous d'armée française régulière, les mêmes qu'à Londres », qui veillaient aux destinées des « 1142 condamnés à mort », les « curistes de Siegmaringen », comme les appelle Céline, qui s'obstine à écrire *Sieg-*, « victoire » ? « Je me retrouvais à l'aveuglette n'importe où dans Siegmaringen… me perdais jamais. » L'aveu est de mauvais augure, venant d'un qui ne marchait qu'à l'Apocalypse…

C'était donc là qu'elles menaient, « les routes des plaines souabes » : on reprendrait l'Histoire aux évidences, on recommencerait tout hors les murs. On avait même un

Châteaubriant pour le commentaire, à deux lettres près mais la « bombe morale » en plus…

« Pétain fut notre dernier roi de France… Philippe le Dernier », et le docteur Destouches, le médecin attitré, l'archiatre et chroniqueur de cette cour piteuse… On se réunit chaque jour au bord du Danube, où le maréchal fait sa promenade. « Ce petit fleuve si violent, si gai, éclaboussant, jetant sa mousse jusqu'au haut des arbres… d'un immense avenir. »

Car l'avenir ici n'est qu'au fleuve ; pour le reste, à Sigmaringen, on fabrique des rois quand la saison ailleurs en est passée. Avant Pétain, et plus banalement, on avait fait d'un prince campagnard et chasseur un roi de Roumanie. Charles devenu Carol descendit le Danube et fit en 1866 son entrée dans Bucarest. « C'est par un décret de la Providence qu'un Hohenzollern règne aux sources du Danube et un Hohenzollern à son embouchure. » La couronne de Roumanie, forgée avec l'acier d'un canon turc, passera de Carol à son neveu Ferdinand, qui pour la ceindre à son tour descendra de Sigmaringen.

Nichée de princes, donc, certains de moins bonne volonté que les exilés des Balkans, comme ce Karl-Anton de Hohenzollern coulé dans le bronze avec sa moustache à côtelettes et son glaive d'apparat. « Il est temps, proclame son piédestal, que l'unité allemande passe de l'empire du rêve à la réalité effective. » C'est daté de 1890 et signé « ses admirateurs de toute l'Allemagne ». Passer de « l'empire du rêve » — ô Kubin ! — à la *Wirklichkeit,* cette réalité vraiment réelle du professeur Hegel, solide et résistante et même fracassante, ces rêveurs impériaux sont de terribles réalistes. On se demande combien Heine, qui souscrivait pour cinq centimes au monument à la Patrie allemande, aurait envoyé pour celui-ci ; et l'on regrette enfin que les occupants — encore des Français... — n'aient pas eu l'esprit de faire le ménage des statues, comme les Allemands l'ont fait en France avec souvent beaucoup d'à-propos...

*

La lune indique un hôtel, le *Bären* — toujours Céline —, éclaire l'enseigne au tournant de la rue, l'ours en pénitence le museau entre les pattes ; l'autre, le *Löwen* d'Herr Frucht aux latrines cascadantes, n'existe plus. Tout ramène, même la nuit, au parvis du château, gardé par ces gargouilles d'opérette qui tiennent du rat et du Nibelung. On fait demi-tour.

— Il y a des paysages dangereux...

Muguet de Meßkirch

Meßkirch est une grosse petite ville assez laide, une agglutination de campagne plutôt, près d'un de ces chemins de fer ruraux allemands qui ressemblent à des jouets d'autrefois, avec une gare vide et rouillée, des signaux en X rouge et blanc, accessoires de train miniature pour Titans au maillot. On se perd à Meßkirch, non en s'y déroutant comme à Sigmaringen, mais comme ferait un ruisseau dans une prairie trop grasse : le bourg est de nature spongieuse, absorbante, maraîchère aussi, et l'on a du mal à croire le Baedeker de l'Allemagne du

Sud (*Allemagne du Sud & Autriche,* onzième édition, Leipzig et Paris, 1896, p. 57) quand il place là un château des Fürstenberg. Tout y est paisible et plat, même si la rue monte, et nous la suivons derrière de fraîches nuques qui s'éloignent et reviendront à pas comptés.

C'est l'été, il est midi comme la cloche nous l'annonce toute seule à la mode d'aujourd'hui, car c'est un automate qui a succédé au père de Heidegger. On sait en effet que le père du philosophe cerclait des tonneaux et sonnait les cloches à Meßkirch.

Martin Heidegger est le plus illustre des enfants du pays, et rien semble-t-il ne le rappelle. Ici pas plus qu'ailleurs la philosophie ne court les rues ; à peine y peut-on découvrir, si l'on a l'esprit bien disposé, l'enseigne d'un M. Schlegel « architecte d'intérieur » : le nom est connu, mais la définition trop confortable, si l'on ne réduit pas la métaphysique à une pensée d'ameublement.

Hormis les nuques fraîches, tout est vide et hormis les cloches, silencieux. Tout est désert aussi, c'est l'heure tranquille où les Souabes vont se restaurer. Nous descendons à la fontaine, un octogone en tôle badigeonné en bleu marial, un peu devant une façade toute mangée de lions, l'arrière de l'hôtel de ville ; un lion encore, non loin, celui-là doré et les côtes qui saillent, pose la patte sur un globe : il doit signaler l'hôtel *Löwen,* si l'on en croit le Baedeker de 1896. Le voyageur de ce temps-là aurait croisé peut-être le petit garçon du tonnelier. Ses *Holzwege,* ses chemins forestiers qui en français « ne mènent nulle part », l'ont ramené, lui, à Meßkirch, où il est enterré sous une étoile. Jünger, qui était son ami et son voisin, est venu dès la nouvelle de sa mort, début mai 1976. Sa veuve a fait rouvrir le cercueil.

— Son visage était empreint d'une force et d'une sérénité admirables. J'ai déposé auprès de lui un petit bouquet de muguet, et puis on a refermé. Nul, à l'exception de Picasso, ne m'aura fait une impression aussi *magique*. Sa pensée est loin d'avoir été comprise — et je ne parle pas des querelles d'entresol que certains lui cherchent en France et en Allemagne, mais des richesses que son œuvre n'a pas encore délivrées. Vous verrez (il sourit) : on en reparlera encore dans trois mille ans…

Le chemin de la forêt

« À peine a-t-on mis le pied sur le territoire allemand qu'on sent des prétentions qui se reposent et des facultés qui se réveillent. » Il faut toute la bonne foi du marquis de Custine pour rappeler cette évidence. Le voisinage sur les cartes ne doit pas nous égarer : l'Allemagne est un autre monde.

On le constate au moins depuis Tacite, enrôlé malgré lui dans la *N.R.F.* du 1er octobre 1939 sous l'uniforme de son traducteur de 1641, Achille de Harlay : « La nation allemande souffre le repos très-mal volontiers… Ils ont les yeux bleus, le regard farouche et les cheveux blonds… Les hommes ni les femmes ne savent ce que c'est que d'écrire des lettres secrètes et amoureuses… Il n'y a point de honte pour qui que ce soit à passer tout le jour et toute la nuit à boire… Ils tuent assez souvent (leurs esclaves) non par police et par forme de châtiment, mais par boutade et par colère. » À ceux qui lui demandaient pourquoi il avait écrit son *Requiem* en allemand, Brahms répondait qu'il s'adressait à des vivants et non à des morts. Il y a une perception allemande de la vie et de la mort qui paraîtra toujours étrange aux descendants de Tacite.

*

« Penser, écrit Jules Renard, c'est chercher des clairières dans la forêt » (*Journal,* 28 mars 1894). Du moins quand on est français. Un critique est bien expéditif qui rapproche de Renard le Jünger des journaux. Ou alors le Jünger *dépaysé,* celui qui confie à son traducteur Pierre Morel : « La langue française me charme par sa clarté et par son élégance... La traduction de mes œuvres me surprend comme un texte nouveau ; je le lis et j'ai l'impression, sortant de la forêt, de pénétrer dans un jardin ; et c'est tout rajeuni que je reprends le chemin de la forêt. » Si le jardin est l'épreuve de la forêt, la forêt demeure l'arrière-pays ; et Jünger termine naturellement son parallèle par le « chemin de la forêt ».

Chercher des clairières est une manière française de penser. Pour les Allemands c'est tout autre chose : un Heidegger par exemple s'avance à l'aventure au plus sombre, suivant ces *Holzwege,* ces chemins de coupe. Avec son *Histoire naturelle de la philosophie germanique en hiéroglyphes,* Hamann, un autre dépaysé, bouffonnait à peine ; et l'on peut entendre comme un divertissement la colère du vieux Fichte contre l'esprit allemand « qui mélange tout », « qui veut trouver le ciel dès cette terre ».

Il va sans dire, pour un Français, que les chemins de la

pensée mènent quelque part, sur terre, au ciel, en enfer, tous lieux bien définis — et bien gardés par leur définition même. Les Allemands ne s'arrêtent pas à ces nuances : ils sont de plain-pied avec tout.

*

La campagne pour les élections législatives placarde au bord de toutes les routes le portrait du candidat officiel, Herr Teufel. Existe-t-il en France un *M. Diable*? Le slogan : *Der Kanzler mit Teufel,* le chancelier avec le Diable, achève de déconcerter. On le rapporte à Jünger, qui sourit :

— M. Diable? C'est un bon ami à moi...

Au lion

La salle basse voûtée du *Löwen* est, plus que la Grande Foresterie malgré son nom, un décor des *Falaises de marbre*. On imagine des rassemblements, des conciliabules au retour d'expéditions... Une plaque de bronze indique que c'est ici que s'est constituée telle compagnie en juillet 1870, au moment de la guerre avec la France. (Elle pourrait ajouter, comme tel village vigneron du pays de Bade sur son monument aux morts, le nom des victoires : « Sedan — Belfort — Paris. ») Le *Löwen*, le lion, par fatalité féodale, n'a que deux chambres, qu'on ne loue qu'à la belle saison; on distille sa propre eau-de-vie (pommes et poires), on tue son propre cochon et on le fait savoir sur sa carte. Une grand-mère murmurante tient la pompe à bière qu'actionnent à leur profit, pendant ses intermittences, tout un assortiment de galopins, les fils de la maison. C'est là que nous établissons notre base arrière.

*

Le «Jünger!» claironnant et claironné, *alla tudesca,* du maître qui décroche le téléphone. Nous irons prendre le thé en voisins, parler de ses notes sur les *Mille et Une Nuits* qu'il croyait perdues, et qu'il est tout heureux d'avoir retrouvées. C'est un sujet pour temps de canicule. Jünger l'Africain s'en accommode aisément, le soleil aiguise même son imagination voyageuse; il s'attarde devant ses trophées lointains, en particulier la *coco del mar* indienne :

— Les Anciens en faisaient le fruit d'arbres sous-marins... Ils disaient aussi qu'elle était apportée par les griffons. La *coco del mar* joue un rôle dans le monde des poisons. J'y ai fait allusion dans *Eumeswil*...

*

À travers le village, les yuccas abondent aux appuis des fenêtres. Ce «muguet pour géants» aux clochettes cotonneuses un peu lourdaudes a-t-il une indication en toxicologie? Nous relisons une fois de plus la formule votive municipale, peinte sur la façade d'une ferme : «*Die Menschen, nicht die Häuser, machen das Dorf.*» Les hommes, non les maisons, font le village.

Les hommes et aussi les canards, qui sont en nombre

et qu'un petit garçon à taches de rousseur revient de nourrir. Il se tient en équilibre sur la bordure en ciment d'un carré de choux et nous observe à la dérobée. Lui adresse-t-on la parole, et c'est aussitôt le plus beau des sourires où manquent plusieurs dents de lait.

Nous badons jusqu'à l'église Saint-Jean-Népomucène qui est reliée au château par une galerie couverte. Le prince-évêque qui l'a fait construire en 1729, le Stauffenberg à qui est dédié la rue, avait su ménager son confort pastoral. Interdite du dedans par une porte de verre, la nef est une grande châsse où dire la messe paraît incongru. Le maître-autel du plus violent baroque s'achève par une tête de séraphin mitré qui multiplie ses preuves héraldiques : croix d'argent, crosse et épée croisées, partout les lions des Stauffenberg ; deux mains en dessous tiennent une clef d'or.

*

Le village est désert sous la chaleur. Le soir n'y change rien. De nos fenêtres de l'auberge, nous suivons les éclairs rouges courant à l'horizon de Riedlingen, les tremblantes lueurs de l'orage silencieux qui se rapproche.

La reine de la nuit

Jünger nous accueille avec un sourire las au sommet de l'escalier bibliothèque. Un rhumatisme cervical l'oblige à porter une minerve. Il nous parle brièvement des tristesses qu'il a essuyées, de la mort de son fils cadet Alexandre, avec qui nous avions dîné deux ans plus tôt. Jünger a le tort, pour l'époque, de ne pas faire étalage de sa douleur. Il est d'ailleurs connu que les esthètes cuirassés ne souffrent pas, et c'est bien ce qu'on leur reproche...

Il nous montre sur son bureau, à côté d'énormes fleurs de tournesol, le manuscrit de *Siebzig verweht IV* (*Soixante-dix s'efface*), son journal depuis 1990. Nous allons prendre le thé dans un salon au rez-de-chaussée, où se trouve la collection de bouteilles à opium chinoises. Jünger, en nous la présentant, a ce rire de gorge à la fois amusé et gêné, comme s'il nous jouait un bon tour en se prêtant d'aussi bonne grâce au rôle de guide de l'*Ernst Jünger Archiv*...

La conversation roule entre autres sur la littérature : Jean Paul, que l'on traduit en français, et dont Jünger admet qu'on puisse rapprocher le phrasé de celui de Proust ; Cingria, qu'il n'a pas connu, faute d'avoir été en même temps que lui le commensal de Florence Gould ; l'ami Jouhandeau, enfin, « qui n'appelait jamais sa femme que "mon araignée" !... ».

Nous descendons plusieurs octaves pour évoquer quelques bruyants gens de plume, universitaires, journalistes ou regrattiers des lettres, comme cet illustre philosophe économiste sociologue dramaturge romancier conseiller du prince banquier international qui occupe avec régularité les librairies françaises de sa prose omnisciente. Il écrit aussi vite qu'il pense et ne perd pas son temps aux guillemets. On a relevé tant d'emprunts dans ses livres qu'un journal satirique l'a surnommé « Piqueur de La Mirandole ». Jünger, qui l'un des premiers a fait les frais de ses pratiques, s'est donné les gants d'écrire au «plagiateur», comme il l'appelle, qu'il était navré de le voir ainsi mis en cause à son propos…

Quant aux gardiens de l'opinion, le statut de Jünger à leurs yeux est variable. C'est ainsi que la *Frankfurter Allgemeine* «prépublie» *Soixante-dix s'efface III* en feuilleton. «C'est très curieux de la part d'un journal réputé plutôt de gauche… Je suis une bonne pierre de touche!», ajoute-t-il en français.

*

Comme Jünger a très peu de goût pour les exhibitions en minerve à la Erich von Stroheim, nous remettons le dîner prévu au *Mohren*. Nous prenons congé de notre hôte pour redescendre au jardin où nous précède Mme Jünger. L'entrée à gauche de la maison est à la garde d'héracléides gigantesques, qui nous «plongent dans l'étonnement», comme disait M. de Goethe. (Le 21 juin 1831, il écrivait de Weimar à Ernst Heinrich Friedrich Meyer, directeur du jardin botanique de Koenigsberg, que «l'*heracleum speciosum giganteum*, originaire du Caucase d'où il est venu jusqu'à nous (…) a atteint cette année dans mon jardin une force, un éclat et une splendeur qui plongent tout un chacun dans l'étonnement».) De la végétation pour Titans, en quelque sorte. Il n'est d'ailleurs pas fortuit que de simples mauvaises herbes se conforment à l'échelle du maître des lieux…

Mme Jünger désigne ses plantations dans le latin de Linné; les coloquintes sont de nouveau à l'alignement sur leur muret; de place en place des boules Biedermeier en émail coloré bourrées de paille et piquées sur des bâtons défendent les fruits contre les perce-oreilles. Elles sont furieusement à la mode dans les jardins allemands cette saison, et la potière de Riedlingen en fait en terre cuite, des têtes de petits diables inspirées des citrouilles découpées d'Halloween. Nous sortons par l'enclos aux tortues, où Caroline se cache. Une grille dans le jardin a pour heurtoir une tête de taurillon en fer rouillé, un grand anneau mobile passé dans les naseaux.

Au moment des adieux notre hôtesse nous offre des boutures de la reine de la nuit, cette cactée en cheveux de méduse qui orne désormais les soupiraux de la façade. Elle ne fleurit que la nuit, comme son nom l'exige, et seulement tous les sept ans; la floraison venait d'avoir lieu, prétexte à réunir les voisins autour de gâteaux et de boissons en attendant, à la nuit bien close, d'aller ensemble découvrir les fleurs à la lueur des lampes-torches...

La jonquille du roi

On a fait de Jünger, entre autres choses, un esthète néronien qui chasse les coléoptères au milieu des ruines et des massacres et contemple l'incendie des bombardements à travers sa flûte de champagne. Un film a même prétendu dénoncer « la guerre d'un seul homme ». Le grief n'est pas nouveau; Victor Hugo s'en prenait déjà, avec il est vrai une admiration douloureuse que sa critique n'annulait pas, à ces « radieux ténébreux », ces « hommes astres » — il nomme Horace, Goethe, La Fontaine « peut-être » —, ces « contemplateurs du cosmos radieusement distraits de l'homme», «esprits paisibles et terribles impitoyablement satisfaits» : «Chose étrange, l'infini leur suffit... Ces penseurs oublient d'aimer.» Il serait facile d'objecter que l'amour ne se confond pas avec le spectacle qu'on en donne, et que la pudeur en est une forme qui, pour ne pas se publier, n'en est pas la moins précieuse. Le stoïcisme encourra toujours l'accusation d'indifférence, à l'âge médiatique plus que jamais. Il n'est guère utile d'observer que la rhétorique de la compassion s'accommode très bien de la sécheresse de cœur, quand elle ne la requiert pas.

Cornelia H., qui fut longtemps libraire à Riedlingen où elle comptait Jünger parmi ses pratiques, nous confie que, toute jeune adolescente à la fin de la guerre, à Cologne, elle se réfugiait à la cave avec son petit frère durant les bombardements. Les deux enfants oubliaient leur terreur en contemplant le spectacle de la nuit en flammes. Elle en avait gardé le double souvenir d'une immense détresse et d'une beauté violente et magnifique, indissociablement mêlées. Jünger ne dit pas autre chose, sur un ton peut-être un rien plus provoquant, dans ses premiers livres nés de l'expérience des combats, comme *La guerre notre mère*. Quant à la Seconde Guerre mondiale, quelqu'un en rapporte une expérience similaire quand, le 31 mai 1940, il s'embarque pour l'Angleterre : «Un admirable soir d'été déployait sur la mer ses prestiges. Le ciel d'or pur, le calme des eaux, les fumées, noires et fauves, qui s'échappaient des raffineries en flammes, dessinaient, au-dessus de la côte basse, des arabesques si belles qu'on en oubliait la tragique origine, jusqu'au nom de conte hindou, enfin, inscrit à la poupe de notre bateau : *Royal Daffodil*, «la Jonquille du roi». Ces lignes que l'on jugera peut-être scandaleuses sont tirées de *L'étrange défaite,* de Marc Bloch.

Une colline inspirée

Le Bussen est la seule éminence qui se détache à l'horizon de Wilflingen. On ne le voit pas de la Grande Foresterie, trop en contrebas du *Löwen,* dont il emplit les fenêtres. D'aussi loin la basilique au sommet est invisible ; elle émerge à peine des arbres et l'on s'en réjouit presque tant elle est hideuse. D'une hideur sans nuance, massive, totale, allemande, où chaque détail est une aggravation. Elle a été agrandie et décorée dans le style postconciliaire des années soixante, d'où la chaire surmontée d'un casque de cosmonaute et éclairée de vitraux criards, au primitivisme très étudié. On y voit des saints anciens et nouveaux, ceux-ci aux armes du pape régnant, grand canonisateur.

Les menus vestiges des anciennes églises, du IXe et du XVIe siècle, sont enchâssés dans la nouvelle ; ainsi des stèles armoriées à l'ours au tronc d'arbre sur l'épaule. C'est l'ours de saint Gall : le saint, qui dormait avec ses compagnons à la belle étoile, lui avait commandé d'entretenir le feu du campement. (Cingria raconte l'épisode avec une érudition amoureuse dans sa *Civilisation de Saint-Gall*). Ce sont en effet les moines de là-bas qui ont traversé le lac au temps de Charlemagne pour soustraire le Bussen au culte des forêts, et le vouer à Notre-Dame. Un beau polyptique du siècle dernier, peint dans le goût bourguignon flamand, réunit les fondateurs du sanctuaire en quatre figures gracieuses ou cuirassées sur fond d'or : sainte Adelinde de Buchau, saint Gérold avec sa flèche et son épée, sa sœur sainte Hildegarde et son beau-frère l'empereur lui-même, la couronne doublée d'une auréole mieux qu'à Aix-la-Chapelle.

Des cierges de toutes formes et de toutes couleurs brûlent devant l'autel. La basilique est un lieu de pèlerinage marial et c'est aujourd'hui la fête de Notre-Dame du Mont-Carmel : nous l'ignorions, et nous arrivons après le départ des pèlerins. Dans une petite chapelle latérale on a relégué un Christ aux liens de facture récente : grand comme un homme, hébété de douleur, les veines saillantes et les plaies ouvertes. À côté de lui la Madone de Stalingrad, dédiée par un peintre de Riedlingen « aux victimes de la guerre, de la captivité, des transferts de population ». Une devise en quatre mots l'accompagne : *Liebe, Leben, Leide, Licht* : amour, vie, douleur, lumière. La Vierge enveloppe son enfant de ses bras et de son voile. Un bois peint de 1737 offert en ex-voto raconte le miracle d'un petit garçon sauvé de la noyade par l'intercession de Notre-Dame du Bussen (le petit garçon deviendra bourgmestre de Riedlingen). Un seul cierge est allumé devant l'autel ; le pèlerinage n'a pas dû venir jusqu'ici.

*

La route qui gravit la colline, du village d'Offingen jusqu'à la basilique, est bordée de tubulures en fer que nous prenons d'abord pour des bornes d'incendie. Il s'agit en fait d'un chemin de croix ; ce monument sidérurgique est à lui seul un signe des temps. À bonne distance, à l'ombre des bouleaux, perchés sur les piquets de clôture, des corbeaux alternent avec des buses, et notre ascension ne les émeut pas.

En contrebas, le petit cimetière aligne ses tombes raccourcies à la mode allemande. Les plus vieilles n'ont pas trente ans ; leur laideur est si uniforme qu'elle en devient presque un style. On y découvre une Mme Guth, née Zweifel : soit Mlle Doute devenue Mme Bien, une vie en forme de parabole édifiante. L'ancien curé est enterré tout seul, à l'écart ; il est mort à cinquante ans, « trop tôt pour nous, Dieu seul sait pourquoi ». On peut entendre l'épitaphe de diverses façons, mais les paroissiens du Bussen n'ont pas de malice.

D'ailleurs ils font la sieste. Dans ce lourd après-midi de juillet il n'y a guère que les vaches qui nous dévisagent. Elles se grattent l'oreille avec la patte arrière, comme les chiens, pour se défendre des mouches qui les harcèlent. Au seuil d'une maison un petit chat angora gris satin nous suit de son regard d'or intimidant : le sosie miniature de la Bête de Jean Cocteau.

Devant les fermes, des tas de petites bûches font de curieuses chapelles rondes et pointues ; les arbres fruitiers portent une pancarte qui donne leur prénom, celui de leur marraine ; un cadran solaire joue sur les mots : *Zeit eilt, heilt, teilt* : le temps s'enfuit, guérit, sépare.

*

Nous remontons au Bussen le lendemain, à l'heure de l'angélus. Comme celui de Wilflingen, le clocher de la basilique est surmonté de la croix de Lorraine. Des fouilles ont mis au jour les sanctuaires celtiques couronnant la colline selon les points cardinaux et la course du soleil. Le vent qui agite la cime des arbres se mêle à la voix des cloches ; le Bussen domine toute la Souabe. Les « lieux où soufflent l'esprit » ne sont pas des inventions d'écrivains en mal de métaphysique, ou plutôt ce sont des mots d'écrivain, toujours un peu déplacés, pour dire les plus sensibles évidences de la géographie…

Coccinelles & tilleuls

Nous quittons Wilflingen par l'ouest en remontant le Danube, à travers des champs de tournesols rouges. Avec nous, en passagère clandestine, une coccinelle, ou pour mieux dire, une contre-coccinelle, noire à pois rouges, qui témoigne d'un sens aigu de la propriété historique : embarquée sans doute à Langenenslingen, elle se fait remarquer, et libérer, à Bingen, soit les deux enclaves du prince de Hohenzollern dans les territoires du grand-duc de Bade.

Nous passons bientôt la caserne Graf-von-Stauffenberg, arbres et pelouses bien tondus de campus américain. Une telle enseigne représente aujourd'hui tout le passé militaire autorisé de la République fédérale. Cinquante ans après, le comte supplicié est dans son pays l'effigie de l'« historiquement correct ».

*

Il est beau, et conforme à sa vocation de caste, que la noblesse allemande se soit retrouvée, et quasi seule, en première ligne contre Léviathan (de même en France, le comte Honoré d'Estienne d'Orves, qui fut la première figure de la résistance à l'envahisseur).

Claus Graf von Stauffenberg descendait de Gneisenau par sa mère. Son portrait vaut tous les discours : il rend à la physiognomonie son enseignement d'évidence. Ce visage ne peut être celui d'un médiocre, ni d'un lâche, encore moins d'un traître. Il convient ici de reprendre la distinction que fait Jünger entre «trahison» et «haute trahison» : c'est de haute trahison, du point de vue du tyran de Thèbes, qu'Antigone s'est rendue coupable.

Stauffenberg avait été le disciple fidèle de Stefan George, dont il aimait à réciter les poèmes. Se trouvent en lui réunis et pour la dernière fois au combat contre les monstres, les deux attributs du chevalier allemand, fils des *Minnesänger* : l'épée et la lyre.

Une grande beauté spirituelle émane de ses traits.

— Il ne fait pas peur. C'est pourtant le cas de beaucoup d'Allemands, dès qu'on leur passe un uniforme...

On songe en le regardant à ce mot de Jünger : «La vraie force est celle qui protège.» Le colonel comte de Stauffenberg a été fusillé à trente-sept ans.

*

Jünger doit sans doute à quelque secrète affinité d'être depuis près d'un demi-siècle le locataire de sa famille. La rue Stauffenberg, qui sépare à Wilflingen la Grande Foresterie du château, n'est pas dédiée au comte martyr, comme des cervelles trop imbues d'histoire contemporaine auraient pu se l'imaginer ; elle perpétue la mémoire d'un plus ancien seigneur, Johann Franz Schenk von Stauffenberg, prince-évêque de Constance, qui fit bâtir l'église en 1729 — en quelque sorte son église de campagne.

La girouette du château porte en chiffres dorés 1471, Frédéric III d'incertaine mémoire régnait alors sur les Allemagnes (c'est à peine si les dictionnaires rappellent qu'il fit piètre figure devant les Turcs. Mais ce fut tout de même le père de Maximilien).

Les deux énormes tilleuls veillent sur la paix du lieu. Ils ne laissent rien d'autre à la vue de Jünger, du printemps à l'automne, que leur immense frondaison-volière. À notre arrivée, deux forgerons perchés ressoudaient la grille seigneuriale. Il nous plut d'imaginer que l'esprit du lieu saluait notre visite par ces gerbes d'étincelles.

Vert-des-oiseaux

Voir le Rhin, quand on est en Alsace, est une opération délicate. Le canal qui le double fait bonne garde ; non pas tant le vieux canal Freycinet aux écluses à l'abandon, où les gamins viennent encore plonger dans les remous ; celui-là prenait le temps de s'appeler « du Rhône au Rhin », et du Rhône au Rhin c'était un aperçu de très ancienne géographie poétique, celle, version fluviale, des « noms de pays » telle que l'autre siècle la pratiquait ingénument dans ses nomenclatures administratives. Le nouveau s'appelle « Rhin-Rhône » tout court, il n'a que faire de poésie ni de gamins plongeurs. Des berges en ciment, une eau étale, plombée, le « canal à grand gabarit » existe à peine, pas même lieu de passage : on a réduit le lieu à son abstraction géométrique. De loin en loin, sur la berge, sont ménagées des marches de fer : les sangliers qui, paraît-il, se noyaient en traversant faute de pouvoir aborder n'ont aujourd'hui plus d'excuse.

Après Chalampé et quelques peupliers miroitants, Fessenheim, sanctuaire atomique où les curieux passent au large, invités qu'ils sont par la haute clôture électrifiée aux poteaux à angle obtus, dans le meilleur style concentrationnaire ; puis Vogelgrun, « le vert des oiseaux », où le Rhin canalisé est barré d'un filet, comme la Seine à Saint-Cloud pendant la Fronde, et pour la même raison :

— C'est là qu'on repêche les corps.

— De quoi parlez-vous ?

— Des suicidés. Ils s'arrêtent là. Il faut parfois les retirer avec une grue : surtout les Suisses. Ils se noient en voiture.

On tourne à droite ; on passe une île de plaisirs nautiques et c'est l'ancien poste frontière, du plus désespérant sinistre — le moderne désaffecté. Il paraît qu'on est en Allemagne, c'est-à-dire en Europe, comme le pavoisent en bleu et étoiles en rond les boutiques de souvenirs en plein air. Alt Breisach, ou plutôt Vieux-Brisach comme on dit dans Saint-Simon, quand le roi avait l'œil fixé sur la « clef de l'Allemagne », dont Vauban construisit le double, Neuf-Brisach, en aval et sur l'autre rive ; Vieux-Brisach, donc, avec son air de ville thermale à la manque, descend de son église perchée jusqu'au fleuve, où nous allons. C'est pour lui que nous sommes là. Des familles allemandes en vacances — shorts, sandales et socquettes blanches — nous précèdent; un peu de vigne pousse entre les maisons; le Rhin est évidemment ce qu'il y a ici de plus regardable : les habitués du jardin public sur sa berge lui tournent pourtant le dos. Séquelle des anciens temps militaires et nationalistes? les bancs sont tous orientés vers la ligne bleue de la Forêt-Noire.

Le pauvre Rhin, donc, fait ce qu'il peut; il a bien du mal à rappeler sa réputation héroïque et lyrique, il se laisse morceler entre les aises de ses différents usagers : skieurs nautiques, pêcheurs à la ligne, badauds de péniches, nourrisseurs des cygnes. Ceux-là, les cygnes, révérence parlée, font un peu pigeons aquatiques : ils se poursuivent et se mordent pour une bouchée de pain, ou pour rien, eux aussi font ce qu'ils peuvent dans ces conditions utilitaires et touristiques. Des canards affairés passent et repassent en formation près du bord. On ramasse quelques galets. Des enfants dévalent d'une roulotte Mercedes et plongent entre deux bouteilles qui flottent. Un gros homme en pantalon noir et maillot de corps entre dans l'eau jusqu'aux genoux et leur lance un matelas pneumatique.

Vite la route et c'est Colmar, mais le 15 Août a fermé toutes ses terrasses; les jeunes agriculteurs vendent des tartines de *pipalakaas* près des augustes monuments où un train miniature débarque les touristes — lesquels photographient le train. Des affiches annoncent un peu partout des « variations autour de la crucifixion »; non loin d'une façade à l'enseigne des *Meubles Jeanne d'Arc*, une chorale badoise, les dames en robe folklorique couronnées de perles à la mode des tombes d'autrefois, se restaure d'un peu de thé et de choucroute nouvelle. Une grosse serveuse welsche et suante leur répond insolemment, par bonheur elles ne comprennent ni le français ni l'insolence. Le soleil brille. On est en Alsace.

Rue des écrivains

Strasbourg est une île. Ce mauvais jeu de mots fluvial s'impose pourtant comme une évidence. L'Ill est un gracieux rempart garni de cygnes, qui s'écartent lentement sans regarder quand passe un petit bac à touristes. L'Alsace n'a plus d'autre nef des fous. Les quais de la Petite France, que soulèvent de vertigineux platanes, sont couverts de duvet :

(... Roi des trois Ecbatanes
Où les fleuves sacrés coulent sous les platanes...)

Ailleurs des saules reverdissants, comme il se doit dans ces derniers jours de mars, et l'Ill entre deux pluies roule à gros flots un tonneau de fer. Les touristes évitent l'hôtel du prince-évêque, rebutés d'instinct par cette cour aux pavés humides, à la fois étriquée et trop grande, où la maladresse et l'ennui du bâtisseur se communiquent à vous sous la forme d'une invincible envie de repartir. Au fond, sous les arcades, près d'un escalier, le buste d'un prélat locataire en empereur romain de comédie paraît être depuis toujours au débarras de l'Histoire. Ici on ne regarde pas le soleil.

Il est vrai que la cathédrale voisine absorbe tout dans son ombre. Aragon, du temps qu'il était notre poète pompier en chef, tourna en son honneur quelques vers de mirliton obsédants :

Cathédrale couleur de jour
Prisonnière des Allemands…
…
Ô cathédrale de Strasbourg!

La «couleur de jour» est certes là pour la rime mais on peut dire aussi que la rime en sait plus long que son inventeur : la cathédrale est bien «couleur de jour», si l'on entend par «jour» le cycle complet, ici déployé, de toutes les attitudes et connaissances de l'homme sous le ciel. Son maître d'œuvre, maître Erwin de Steinbach, grand maître de toutes les loges maçonniques du Saint Empire, a fait de l'église qui est son tombeau une énigme de géométrie cosmique, où l'Amour répond de tout… Mais c'est un peu trop dire aux touristes, qui passent en jetant des éclairs, malgré les défenses expresses placardées partout dans toutes les langues de Babel. On laissera donc cet auguste promenoir à la garde du bec de griffon, celui qui est à gauche de saint Laurent sur son gril, bénéfique au toucher, pour le Saint Sépulcre, l'*Hailich Graab* où nous attend un frais riesling.

On y croiserait volontiers Sébastien Brant, Philippus von Hohenheim alias Paracelse ou même le docteur Faust. Strasbourg retrouve ici l'Argentoratum des alchimistes, cette tutélaire architecture de cloîtres et de collèges épiscopaux tout autour de la cathédrale, la rue des Écrivains par exemple avec la maison où grandit Gustave Doré, «où il fit ses premiers dessins».

*

C'est la curiosité qui perdit les Strasbourgeois ou qui du moins leur fit perdre leur indépendance. Sterne l'affirme dans son « conte de Slawkenbergius », où Louis XIV entre sans coup férir dans une ville désertée par ses habitants. Tout Strasbourg en effet s'était transporté au bord de la route de Francfort, pour guetter le retour d'un voyageur dont le nez gigantesque provoquait depuis un mois les plus épuisantes controverses. Les disputes de docteurs entre *nasiens* et *antinasiens* avaient fini par gagner la rue et enfiévrer tous les esprits.

Le nez de cette histoire est énigmatique. Strasbourg a souffert depuis lors d'autres occupations, où l'intempérance dialecticienne de ses habitants n'entrait pour rien. La ville s'est tout de même offert une libération littéraire, le 22 novembre 1944, par la brigade Alsace-Lorraine du colonel Malraux. Pourquoi seulement colonel ? Selon Jules Roy, qui fut un colonel plus réglementaire, Malraux ne voulait pas d'étoiles en toc, ni d'un grade supérieur à celui de son modèle, le colonel Lawrence. On sort de Strasbourg par une rue de la Brigade-Alsace-Lorraine. Toutes sortes de bicyclettes sont exposées dans une vitrine, à l'enseigne de *Blondin Sports*.

De Patria Diabolorum

La voici donc, la ville qui a fermé ses portes à Paracelse… Il est vrai qu'elle en a tant accueilli, de ces grands hommes, qu'elle croit pouvoir se montrer négligente ; ses façades sont couvertes de noms propres, on y avance comme dans un dictionnaire où les pages roses ont leur juste part d'inscriptions latines. Partout, des plaques nous tiennent en respect : ici, Justinus Kerner a vécu quand il était étudiant ; là, Goethe a passé quatre nuits en 1797 (c'est la maison du libraire Cotta) ; là encore, on signale le passage d'Hildemus Stichlin (1547-1590), celui de l'étudiant Wieland ou celui d'Uhland, le poète-député. On trouverait ailleurs, sans doute, des traces de Johannes Reuchlin, de Johann Valentin Andreae, de Michael Maier... Dans les premières années du dernier siècle, un garçon de librairie s'appelait Hermann Hesse. Son nom n'est pas encore gravé.

Les livres et ceux qui les font sont depuis toujours une spécialité de l'endroit. C'est « en ceste noble ville de Tubingue » où enseignait son ami Guillaume Bigot que Rabelais fait imprimer les « beaulx livres » qui composent la bibliothèque de l'abbaye de Saint-Victor, dont le chapitre VII du *Pantagruel* détaille le catalogue.

Le dernier titre de l'inventaire est une œuvre de Merlin Coccaie, *De Patria Diabolorum,* et à ce point la sagesse rabelaisienne est prophétique.

Tübingen, révérence gardée aux canards et à l'ombre envolée d'Hölderlin, est un conservatoire provincial (et *provincial-allemand*) de toutes les hystéries et de toutes les fureurs passées de mode. Des calicots à demi décrochés pendent aux fenêtres et sous un pont, ils condamnent une guerre lointaine finie depuis longtemps. À deux pas du Stift fermé pour travaux, à l'angle du chemin de ronde qui borde le Neckar, un « café de femmes », *Frauencafé,* exhibe pour enseigne une sorcière à balai.

Folie criarde et appliquée : nous sommes en Allemagne. Collée au mur, à la barbe de la sorcière, une affiche reproduit le poème de Paul Celan *Todesfuge* : «*Der Tod ist ein Meister aus Deutschland*», la mort est un maître de l'Allemagne. On ne sait d'où vient l'affiche, qui a pu la coller. Elle se décolle presque d'elle-même du crépi féministe, nous l'emportons avec le sentiment de la mettre en lieu sûr. À l'abri de l'Allemagne, de la mort, ou plutôt de cette Allemagne de la mort, la patrie de tous les diables de Merlin Coccaie, dont le soupçon ou le remords ont hanté les meilleurs esprits germaniques, au point que Nietzsche assignait pour vocation aux Allemands de se *dégermaniser*...

Monstres divers

«À Tubingue, comme presque partout en Allemagne, on remarque la décadence profonde des us et coutumes du passé.» C'est Pierre Larousse qui le note, et encore n'avait-il rien vu. Au XXe siècle, la «décadence profonde» s'est perfectionnée à coups de bombardements et des «us et coutumes» elle a gagné le décor. On en a fait ce qu'on a pu avec ce qui restait — c'est le cas de l'hôtel de ville; le jeune Neptune au trident de la fontaine lui montre son postérieur, il fait bien, la façade Renaissance est reproduite en trompe l'œil sur une masse de béton. Même un œil allemand ne s'y trompe pas, et les fresques en toc attirent et concentrent tous les graffitis de Tübingen.

L'ancienne cathédrale a connu les horreurs de l'après-guerre : aménagée, ou plutôt déménagée, dans le style postconciliaire communicationnel allemand : bois verni, tapisseries abstraites, verre, métal, projecteurs, elle n'attend plus qu'un sermon du profeseur Hans Küng, lequel est d'ailleurs quelqu'un d'ici. Une sorte de vestibule est séparé du chœur par une cloison vitrée ; toutes les marques du passé religieux et héroïque y sont reléguées en vrac, posées ou accrochées les unes sur les autres un peu partout, et tant qu'il en peut tenir. Ce décrochez-moi ça de l'Histoire entasse les ex-voto, les stèles et dalles funéraires de maints hauts & puissants seigneurs et nobles dames ; toutes les merveilles délirantes de leurs blasons, serres d'aigle, écrevisses, chats couronnés, têtes de mort, n'auront servi de rien contre l'oubli. Sous l'escalier qui monte au jubé on a installé des toilettes.

*

À l'angle de la cathédrale deux monstres héraldiques pour bandes dessinées s'affrontent, leur rictus plutôt réjouissant est une invitation à passer outre. Il faut se perdre un peu dans la vieille ville amicale, jusqu'à la musique assourdie qui filtre de sous la porte du *Collegium musicum.* Le linteau sculpté d'heureuses armoiries s'en tient à sa devise : *Soli Deo.*

La tour abolie

On arrive à Tübingen par Ofterdingen — ou Novalis comme introduction à Hölderlin. La ville, selon la coutume de maintenant, se présente par son mauvais côté : autoroute, béton et caserne, la « maison de France » où l'on peut garer sa voiture par droit de naissance ou de nation, qu'un planton antillais ne songe pas à nous contester (à quoi songe-t-il d'ailleurs ?).

Nous gagnons à pied le Neckar, et la ville, qui commence vraiment après le pont. Les canards se livrent sur l'eau, ou plutôt dessous, à leurs ébats saisonniers : les femelles poursuivies subissent l'accouplement par immersion, après quoi elles peuvent bien s'échapper en faisant tout le bruit qu'elles veulent.

Nous errons un moment sur l'île aux marronniers, jusque devant la maison Zimmer — murs jaunes, fenêtres blanches à croisillons, et le grand saule au bord de la rivière —, avant de trouver le courage de revenir passer le pont et descendre le chemin de ronde dûment fléché entre des jardins de curé et le parapet, où toute une jeunesse avachie avec soin baye aux corneilles, ou aux canards.

*

Voici donc la tour du menuisier Zimmer, l'*Hölderlinturm* de l'office du tourisme, où le poète a passé trente ans « avec les hiboux »... Elle a eu la bonne idée de brûler à la fin de l'autre siècle. On a tout refait à l'identique, et très scrupuleusement, mais le feu a tout purifié, la visite en est rendue inoffensive et les lieux presque sympathiques.

Le rez-de-chaussée est une enfilade de pièces blanchies à la chaux avec des portraits, des éditions originales et beaucoup de fac-similés, l'incendie continue par la reconstitution. Des journaux, celui du 7 juin 1843 qui annonce le décès du « poète Friedrich Hölderlinn âgé de soixante-treize ans » ; de laborieux portraits au crayon de poètes russes, accrochés dans le corridor, accusent le côté maison de la culture de cette maison fantôme.

À l'étage enfin deux pièces vides : nous entrons dans la première qui épouse la demi-circonférence de la tour. Une chaise de paille est au milieu, au mur quatre poèmes sur les saisons ; la fenêtre s'ouvre sur le Neckar et le grand saule de la rive. On a pendu à l'espagnolette un petit chapelet de fleurs séchées.

*

La tour est à la garde de la France, au moins d'une Française qui par compatriotisme nous ouvre le petit jardin. Il est jonché de violettes, blanches et bleues. Nous nous y attardons longtemps ; un escalier monte à un portail de bois qu'on n'ouvre plus, où de jeunes merles se gobergent de baies de lierre. Des barques sont amarrées sous le saule ; nous lui cueillons une branche, qui ne reprendra pas en terre française.

Il n'a pas été ici
Il n'avait rien à y trouver;
Il ne regardait rien par la fenêtre
Il ne lisait aucun livre

Il n'eut pas de conséquence
Il ne laissa pas d'héritage[1].

Ces vers d'une femme inconnue, nous aurons cru d'abord, en les lisant là, qu'ils étaient de Scardanelli lui-même.

Royaume de Dieu

En 1845 les journaux allemands s'occupèrent beaucoup de la suspension de deux ans infligée à un professeur d'esthétique de Tubingue, le docteur Fischer, accusé d'avoir commencé son cours en disant qu'il se garderait bien de parler de l'immortalité de l'âme et de l'existence de Dieu, «vrais contes d'enfants qui n'étaient plus à l'usage des hommes». Par bonheur Hölderlin était mort depuis deux ans.

Le Stift, où fermenta tant de subtilité mêlée à tant de sottise, était fermé pour *Renovierung* le jour de notre passage. Nous le regardâmes à travers ses grilles, avant de revenir à la maison Zimmer presque voisine. La vie d'Hölderlin se résume ici à deux cents pas.

1. *Er ist nicht hier gewesen*
Er hatte hier nichts zu finden
Er schaute nichts an dem Fenster
Er las keine Bücher
Er zog nichts nach sich
Er hinterließ nicht.

*

Le Stift est cette austère façade de séminaire-caserne derrière laquelle le sérénissime duc de Wurtemberg entendait mater ses futurs pasteurs et refroidir leur enthousiasme révolutionnaire-français à coup de vexations domestiques. À la rentrée de 1790, Hölderlin partage un logement chez un bourgeois de Tübingen avec plusieurs de ses condisciples, dont Hegel et Schelling. Deux ans plus tard, le 14 juillet 1792, il plante avec eux un « arbre de la liberté ». On ne le montre plus aujourd'hui.

En septembre suivant, tandis que la France proclame la République, le jacobin Hegel quitte le Stift pour Berne où il est nommé précepteur. Hölderlin et lui se quittent sur le mot de ralliement : « Royaume de Dieu. » En décembre, c'est au tour d'Hölderlin de quitter Tübingen. Il n'y reviendra qu'après quatorze ans, à la clinique du médecin aliéniste Autenrieth. Camisole de force, « masque pour empêcher les cris », les méthodes du docteur Autenrieth sont assez loin de celles que le docteur Blanche employa avec Nerval. Un an plus tard Autenrieth déclare que la cure a échoué, et que, de toute façon, son ex-patient est condamné à brève échéance. Hölderlin a trente-six ans, il lui en reste encore autant à vivre. Pour lui une autre vie commence, reclus dans la tour du menuisier Zimmer. Le docteur Autenrieth l'avait du moins abandonné à un poète, ce Justinus Kerner qu'il avait connu autrefois. Médecin, disciple de Mesmer, préoccupé d'audition animale et de clairvoyance humaine, le docteur Kerner anime alors avec Uhland ce que les manuels appelleront l'« école souabe ». Ils se veulent romantiques, si « le romantisme n'est pas seulement une chimère du Moyen

Âge, mais le grimoire par lequel nous pénétrons dans le mystérieux univers des esprits». Les brocards de Heine dans la *Gazette d'Augsbourg* tombent un peu à plat; Kerner mérite mieux, de même que l'excellent Johann Ludwig Uhland, juriste et poète, professeur, député et chef d'école.

L'auteur d'un drame célèbre en son temps, *Le Duc Ernest de Souabe,* a rendu un Moyen Âge à ses compatriotes, celui des *Volkslieder* qu'il a recueillis. La légende veut que, jeune étudiant en droit dans le Paris de Napoléon, des poèmes médiévaux découverts chez un bouquiniste eussent décidé de sa carrière. Uhland se fait professeur de littérature allemande à l'université de Tübingen, sa ville natale, ville dont il devient le député à la diète de Francfort de 1848. En Allemagne comme en France, le «printemps des peuples» excite les poètes à la politique : Uhland n'est guère plus chanceux que Lamartine et son excitation, quoique de portée plus modeste, tourne court elle aussi. Tubingue et son université, le Moyen Âge et la littérature lui ménagent une retraite paisible. Le portrait de ce notable souriant a quasi valeur d'édification. «Il avait, écrit un biographe, l'humeur la plus égale. Passionné par les exercices physiques, marcheur prodigieux, patineur excellent, baigneur intrépide, jusqu'à se baigner au mois de novembre 1861, à soixante-quatorze ans, par une température de 11° centigrades... Toujours le plus diligent à accourir dans les incendies, où il n'épargnait pas ses efforts; avec cela grand observateur du thermomètre et du baromètre, quoique sa santé ne reçût pas de leurs variations la moindre atteinte, ce rêveur délicat et charmant avait la santé robuste et la simplicité de vie d'un paysan.» Le lecteur d'aujourd'hui sera sensible au côté jüngerien avant la lettre d'un aussi aimable personnage — un jüngerianisme d'usage provincial et pour ainsi dire sans danger, tel qu'il eût été assimilable à Mme de Staël.

*

Les derniers feux du romantisme s'éteignirent peut-être à Tübingen, dans ce Stift où Édouard Mörike fut élève à son tour, trente ans après la génération du Royaume de Dieu. L'Histoire avait repris un cours plus bourgeois : Mörike en était quitte pour se créer un royaume de féerie, Orplid, dont il ne cessa de raconter l'histoire, les mythes et les coutumes. Le professeur Mörike succédait au professeur Uhland, le rêve se réfugiait à l'université où déjà Hölderlin devenait motif à centenaire. Mörike ferme le ban, dans l'Allemagne casquée de 1875. Comme Nietzsche l'avait remarqué, Bismarck suffisait alors à la littérature allemande.

La suite appartient à la culture, c'est-à-dire aux commémorations. Il arrive pourtant que les complaisances érudites s'effacent devant ce qui n'est pas mort, ainsi de «ce jeune garçon de dix-sept ans, l'air pauvre, (qui) priait, prosterné» dans la chapelle du Stift, un matin de juin 1959. L'œil de mouche de Jouhandeau l'a repéré : il venait faire une conférence sur la littérature française. «Personne, excepté moi, ne l'a remarqué», et le garçon ne remarqua personne. Tout était dans l'ordre. Hölderlin eût été heureux.

Tombeau d'Hölderlin

En cet après-midi de novembre nous retrouvons le Neckar désert comme ses bords, les arbres dépouillés sauf le vieux saule de la tour. Une barque à demi coulée sert de perchoir à quelques canards frileux dont un, noir à joues blanches et bec rouge, se tient à l'écart. Le jardin est couvert de feuilles mortes.

Nous traversons la ville pour gagner le cimetière, qui n'est pas fermé la nuit. Il est cinq heures et déjà on n'y voit presque plus. Nous longeons la nouvelle université, dans le style Trocadéro germanique, une large Hölderlinstraße anonyme comme un boulevard ; le cimetière est devant nous. Nous hésitons un peu à la recherche d'une porte dérobée. Il fait nuit noire.

*

C'est véritablement un *Friedhof,* un lieu de paix, d'une paix végétale où la mort des hommes est rendue aux arbres et à la vie cosmique, sans cette exagération marbrière qui fait ressembler les cimetières français à des garde-meubles. Suivant la coutume allemande de la Toussaint, des lumignons éclairent le chevet des tombes visitées. Nous trouvons une de ces petites bougies rouges sur la borne d'un compostier ; nous l'allumons et c'est à sa lueur que nous reprenons notre chemin ; d'infimes panneaux de métal indiquent les tombes célèbres ; tout d'abord celle d'Uhland.

Cet excellent homme était fait pour les honneurs,

y compris funéraires; il est enterré bourgeoisement au côté de sa femme, avec tous ses titres : une tombe allemande de poète lauréat. On s'y arrête un instant, on cherche d'autres panneaux : il faut redescendre un peu cette colline des morts, et *Friederich Hölderlin* est à l'écart, près du mur. Friederich, « riche en paix ». Au pied de la stèle livrée aux fougères, un tournesol est oublié dans un verre d'eau. Un arbre le couvre de ses dernières feuilles séchées. Devant la tombe, un large espace vide. Nous déposons la bougie allumée près du tournesol.

*

Au retour nous passons par Wilflingen. Les fenêtres de l'étage de la Grande Foresterie sont encore éclairées. « Pourtant quelques-uns veillaient... »

Baroque forestier

La volière d'anges agenouillés de Zwiefalten est bien venue des buveurs de bière. Les étiquettes propagent dans toute la Haute-Souabe le double clocher de ce cloître brasseur où nous jette en tournant la route de Tübingen. Révérence gardée à tous ces anges d'or — archanges plutôt; trônes, dominations, chérubins ou séraphins même, si leur magnificence affichée est un signe de leur élévation —, c'est ici le cloître de l'Ogre. Le baroque bénédictin ne lésine pas avec les superlatifs :

la théologie est partout prise en défaut par ces figures qu'elle ne commande presque plus, cette exagération de louanges en stuc est déjà une révolte qui s'ignore. L'église fut achevée en 1765, quand triomphait le roi Voltaire, et cette surabondance de merveilles agressives est une autre façon, allemande, de faire de la «philosophie».

L'architecte est devenu le décorateur du ciel, tout ici est trop grand, trop haut, trop sûr de soi; le rêve est bien près de se coaguler en cauchemar. C'est en vain que nous fait des grâces l'Ange du silence, des cintres où il perche entre des grappes de pourpre et des rameaux d'or. Un doigt sur les lèvres, de l'autre main il nous tend une lettre cachetée, et ses pauvres ailes d'autruche ne suffiraient pas à nous donner le change. Il y a trop longtemps qu'il ne sait plus voler, et que le ciel pour lui se limite aux plafonds historiés du monastère. À côté deux marmousets poliorcètes se disputent le plan d'une ville. Ces baigneurs de pierre, l'un en cuirasse, l'autre en peau de lion, jouent avec des épées plus grandes qu'eux, que l'on a ficelées à leur poignet. On est prié de reconnaître dans ces enfantillages le roi de Babylone et le roi de Juda.

Les chamailles de princes étaient dans ce pays l'habitude, la marqueterie du Saint Empire favorisait ces querelles de voisinage. Sous la voûte sonore de la porterie, de grandes effigies de princes-évêques et de seigneurs en pâte à modeler réveillent des rivalités forestières. Luitold von Achalm, Cuno von Sigmaringen, combien d'autres, voudraient nous intéresser à leurs vieilles chicanes. La mort ne les a pas désarmés. On se lasse vite d'être ainsi tiré par la manche; on ressort, d'autant que le charme le plus sûr de l'abbaye est devant ses portes ferrées : un ruisseau clair qui lui tient lieu de douves, que l'on enjambe sur un petit pont de bois. Il coule depuis la forêt et ces panneaux qui signalent au bord des routes la promenade des grenouilles : *Kröterwanderung.*

*

Les villages alentour s'appellent Pflummern, Upflamör, Pistra, Neufra, Bitz, Sturzeln : joaillerie sonore savante et folle de noms plus véritablement baroques que tous les bénédictins à la mode du XVIIIe siècle. La Haute-Souabe n'a pas besoin de ces colifichets artistiques pour se distinguer entre les Allemagnes : terre souveraine, berceau de dynasties depuis la reine Hildegarde, mère de Charlemagne et Souabe de haute naissance selon Eginhard (*Hildegardam, de gente Suaborum, præcipuæ nobilitatis feminam*), elle a vu naître encore les Hohenstaufen, à Lorch, et les Hohenzollern à Hechingen. La branche catholique aînée possède encore le château d'Hechingue, comme l'écrit selon l'ancien usage le *Guide du voyageur français en Allemagne* de 1849, qui vante les ornements de cette ville, soit le château, la variété des coquillages fossiles que l'on trouve dans ses environs et « la beauté des personnes du sexe » qui l'habitent.

Au XIIe siècle, l'abbé fondateur de Zwiefalten fut saint Ernest, dont quelques doctes ecclésiastiques se plaisent aujourd'hui à contester l'« existence historique ». On ne sait pourtant de qui, vu du ciel, l'existence est la plus contestable...

Lac des plumes

À l'entrée de Riedlingen, quand on vient des hauteurs et des forêts, un seul panneau fléché indique *Bodensee* et montre le cœur de la ville. Poésie routière banale et puissante, qui annule soixante kilomètres et vous fait aussitôt riverain du lac de Constance. (Comme à l'avant-dernier village un bouquet de panneaux en tout genre, triangles blanc et rouge, cercles bleus, flèches blanches, plantés en plein champ devant la cabane d'un cantonnier, transformaient le code de la route en un furieux exercice de surréalisme campagnard.) Surgit par intervalles la silhouette de Jacques Tati, chapeau mou et imperméable sur fond blanc et bleu qui signale la possible traversée d'humains. Nous commençons par musarder dans les marécages, ou plutôt dans leur souvenir toponymique, ce qui reste en nos temps trop soigneux du Ried mérovingien. C'est ainsi que l'on sort de Riedlingen sur des échasses, une route suspendue façon Los Angeles traverse de haut la vallée du Danube — pauvre jeune dieu que l'on snobe à peu de frais par ces commodités de nouveau riche. En contrebas, des biches dans un enclos nous regardent : la nature est ici très bien quadrillée. Et puis ce sont des villages plus clairs entre des murs de petits tournesols. Nous avisons un habitant qui balaie devant sa porte, autant dire la route, culotte bavaroise, moustache frisée et sourire transalpin ; sous un petit auvent, un Christ en bois verni de sa taille le regarde faire. L'homme au balai nous indique obligeamment la direction du Federsee, le « lac des plumes » qui est devenu par fatalité onomastique une réserve d'oiseaux, et Bad Buchau sur ses rives.

Après quelques voltes et repassages nécessaires devant le Christ et son balayeur, la route consent enfin à nous reprendre sans autre échappatoire et à nous conduire jusqu'au lac, où de tendres, brillants bouleaux nous escortent. À vrai dire nous nous suffiront d'eux : trop de roseaux, trop de cars, trop de touristes entre le lac et nous. Nous nous rabattrons sur le marché aux puces dans une prairie clôturée où les poules remplacent les vaches. Quelques Turcs et Portugais viennent faire leurs courses dans un bazar d'épaves improvisé où tout un chacun apporte ses rebuts : crucifix mutilés de plastique façon ivoire, antiques almanachs où un feld-maréchal à tête de boxer chenu voisine avec un jeune chancelier ténébreux, sosie de Charlot et champion d'une «nouvelle valeur de liberté»; billets de mille vendus un mark, et puis de faux casques (allemands) et de véritables (français). Et puis surtout les reliques du premier âge d'or technicien, les irréparables vieilleries électroménagères des années cinquante et soixante, quand le «progrès» triomphait dans toutes les cuisines. Ces machins censés «fonctionnels» qui ne fonctionnent plus ont l'air contraint de fantômes qui auraient honte de leur peu de réalité. Il faut être allemand pour en oser l'exhibition, et turc ou portugais pour en attendre des merveilles à retardement.

*

Deux gamins de dix ans exposent leurs vieilles bandes dessinées; l'un adossé à un piquet vide avec application une bouteille de bière, il a pris soin d'en tourner vers lui l'étiquette. Le clocher de Bad Buchau, parfait jumeau de celui de Riedlingen, surplombe tout de ses lignes sèches, un peu sévères (n'était ce petit toit en pointe comme un crayon taillé, d'un vert qui hésite entre la turquoise au lait et l'écaille de dragon amoureux). Notre départ fait glousser quelques poules.

Boules thermales

Bad Buchau a le charme méridional des villes d'eaux ; c'est un peu la Souabe italienne. Un clocher sommé d'un brochet en précède un autre plus frêle, qui part à la renverse. Au-devant les rues s'élargissent en places piétonnes et en terrasses de glaciers ; un ex-Yougoslave sert en soufflant des sorbets et des gâteaux au fromage à de vétustes habitués qui l'interpellent en sabir balkanique, souvenir de campagnes lointaines ; avec eux un blondinet plus grand que son âge, à la nuque rasée de futur tankiste.

La jeunesse n'a pas cours dans les villes d'eaux, hors cette jeunesse d'accompagnement d'un troisième âge curiste tout absorbé dans le souci de soi. L'établissement thermal est aussi laid qu'on pouvait l'imaginer il y a trente ans, quand on l'a construit ; une fontaine de mosaïque aux couleurs industrielles et des bancs en lattis métallique où des gens sont assis, qui attendent. Leur temps, qui n'a plus d'emploi, les accable ; tout ici est trop calme, trop propre, trop parfait.

— On n'attend plus que la mort.

Par bonheur le jardin rejoint le Federsee : loin devant nous ce ne sont que roseaux, et jusque-là de soigneuses pelouses où les merles s'activent. On sort enfin des sépulcres. Le long des allées divers massifs d'herbes et de fleurs affichent leur nom, latin et usuel ; à peine achevée la série recommence — le didactisme germanique ne craint pas d'insister. Un ruisseau court sur un lit de pierres, un chat longe le bord, puis deux ou trois marmousets y pataugent en file indienne. Rien n'est plus rafraîchissant que ce bruit de jeunes pieds nus dans ces limbes précautionneux. Cela s'appelle du *wadding* en termes préfectoraux qui l'interdisent dans les ruisseaux des Vosges ; sans doute en est-il de même ici, mais après tout quoique hors de page nous sommes étrangers ; un peu plus bas le ruisseau retrouve son cours naturel, ce petit fossé bordé d'arbres sépare le jardin des gazons du lac. Nous le descendons nos chaussures à la main, mais le fond devient vite instable et aspirant, il faut remonter parmi les curistes qui arpentent les allées et regardent le vide, où notre infraction passe inaperçue. Des chaises roulantes automobiles nous doublent, diverses cannes et trépieds mais surtout nombre de vieux bronzages orange et gaufre d'Èves octogénaires qui ne désarment pas.

Près d'un banc où nous demandons au soleil la consolation du visiteur, de grosses boules de couleur sont alignées, c'est la mode de l'été dans les jardins allemands, on les dirait tombées d'un sapin de Noël pour géants daltoniens. Quant à nous, nous sommes devenus transparents : un jeune quidam velu, chevelu, ventru s'approche à nous toucher et se penche sur les boules : il les inspecte, les toque, les caresse.

— Si c'était un chien, il les lécherait.
On lui en comptera l'intention.

Route souabe des poètes

La « route souabe des poètes », *Schwäbische Dichterstraße,* qui sur les cartes abandonne à ses rivales le gros pointillé vert clair des itinéraires baroques touristiques, s'ouvre après Saulgau. La petite ville thermale a des grâces pincées de villa gallo-romaine, qui vous fait longer ses murs comme on envoie au piquet. On la quitte pour les vaches, peu nombreuses il est vrai et de robe passe-muraille (qui ont de quoi décevoir l'œil du promeneur descendu naguère du ballon d'Alsace parmi les troupeaux vosgiens blanc et noir et chocolat). Passé Sießen, monastère rustique aux murs jaunes, de ce jaune baroque entre la paille et la moutarde qui appelle le décor de théâtre, et déconcerte *comme un décor* au milieu des champs, la route monte et descend et remonte entre des vergers. Ostrach, ville et rivière, ou plutôt village et ruisseau, Heiligenholz, « Saint-Bois », escarpé entre des hangars de vieilles planches qui nous précipitent de leur faîte à la barrière du potager, la route s'abaisse et se coude en même temps puis de nouveau les vergers, quelques vaches… Pour nous, rien ne compte que les poètes souabes, ou du moins leur route, et nous y resterons. Les hangars ont des fenêtres découpées en col Claudine, la plupart des roses sont en fruit, de ce rouge laqué sauce tomate que l'on appelle « roses canines » dans les poèmes de Saint-John Perse et ailleurs «gratte-cul», chez Colette par exemple, qui prétendait savoir les mettre en confiture. (C'était son côté Malraux, sa pose à la Bourguignonne au chaudron, l'indulgent oracle en diverses gourmandises, toujours assez bon pour les Parisiens. C'eût été à voir, et à goûter. Quand Catherine Pozzi qui l'a connue de près se plaignait qu'elle ne sût même pas faire cuire une côtelette.) Ces femmes illustres feraient mentir Héraclite : s'il y a peut-être des dieux dans la cuisine, avec elle à coup sûr tous les diables y trouvent leur couvert mis. Linné, qui est l'ange des noms propres, nous donne *cynorhodon,* fruit commun de la rose et de l'églantine, par quoi la rose échappe à la littérature, et se souvient qu'elle est une fleur. (Les fermes-auberges à l'entour du ballon d'Alsace servent au pèlerin matinal un schnaps d'églantine, qui vous ouvre la route et vous accroche le cœur où il faut.) Ici les chemins sont moins rudes, pas besoin de l'esprit des fleurs pour les courir, la «route souabe des poètes» échantillonne les biens naturels de la province, déjà célébrés par le Dictionnaire de Trévoux avec cette «typographie à odeurs» dont raffolait Cingria, où les *s* sont comme des *f* («les petits foins du ménage», etc.) Donc Trévoux, 5e édition, 1743 : «L'air y est affez tempéré, & le terroir, quoique chargé en plusieurs endroits de montagnes et de forêts, ne laiffe pas d'être fort fertile en grains, en pâturages, et même en vins vers le midi. [On peut les oublier.] On y trouve quelques mines, des fontaines salées, & des bains renommés. Mais ce qui montre mieux qu'aucune autre chose la bonté de cette province, est le grand nombre de ses Souverainetés. On y compte deux Évêchés, vingt-deux Abbayes, un Duché, quatre Principautés, trois Marquisats, une

Commanderie des Chevaliers Teutoniques, dix-sept Comtés et trente-deux Villes Impériales.»

C'est vers l'une d'elles que nous dévalons. Assez de pommes, de poires et de poètes souabes. Des maisons. On les cherche sur la carte : Altheim, peut-être? On est jeté dans les bras d'un saint de pierre sur les remparts, encore un tournant, la porte s'ouvre et c'est Überlingen.

Nombre d'éclairs

Un saint de pierre sur les anciens remparts cajolant un crucifix, un lion rouge qui sort tout armé d'une couronne, un brochet d'or à l'enseigne d'un hôtel, des raisins qui pendent entre ses dents : Überlingen, où le «rayon jaune et doux» de l'arrière-saison paraît être à demeure. Les rives du lac ont ici un charme d'établissement thermal, rien n'arrive que très policé, c'est un monde bien tenu dont la désuétude balnéaire est la force. Il ne connaît que soi-même, une fois pour toutes accompli, aujourd'hui comme il y a cent ans. L'Histoire est morte, on fait du canotage; de longues étroites barques d'acajou sèchent sur les pontons que parcourent les cygnes en levant haut leurs palmes. Ce qui remplace l'Histoire, l'*actualité* et son envahissement de pacotille, on le laisse à l'Allemagne, en deçà des vergers. Un peu trop de voiles, peut-être; ce toit tranquille où marchent les colombes est bien petit, et les colombes embarrassantes : on y verra une allusion nautique aux engorgements automobiles, mais si blanche et de si peu de bruit... On ne déploie que les couleurs de la saison, équinoxe d'automne et fruits mûrs : noir-rouge-jaune fédéral et jaune et noir du Wurtemberg. Dessous les palmiers en pleine terre, des cannas orange mandarine forment une haie tendre et lumineuse ; les cactus comme à Madère servent de décor à un Turc qui filme au caméscope un déploiement de chiffons barré d'un sac en paillettes, sa femme, tandis que des petits garçons noirs et ras, pas encore assez thermalisés, sont les seuls qui osent rire quand un mangeur de glace étranger glisse et tombe assis sur les galets.

*

Le soleil aidant, les touristes sont à la promenade, un peu déplacés là comme ailleurs, là surtout, où ne rien faire est un art. Les enfants le savent à merveille, qui ne font rien en s'agitant beaucoup. Deux petits jumeaux blond et roux tachetés comme des mirabelles se houspillent à qui chevauchera le canon de bronze ou plutôt sa copie conforme en batterie devant le *Zeughaus*. De là ils bombardent gravement les voiliers, et envoient par le fond quelques *Treteboote*, formes très civilisées aux apparences navales et sortables des ridicules pédalos de nos plages. Ces frêles petits bateaux indigènes, on pourrait avec eux traverser le lac à la seule force des jarrets. (Il faut dire qu'il est ici très peu large, et ce doigt de gant étranglé qu'on appelle sur les cartes « lac d'Überlingen » met à portée de pédales le clocher de l'autre rive, sorte de loukoum vert confit d'angélique qui donne aux regards plaisanciers comme une démangeaison de piratage.)

*

En remontant vers Ludwigshafen, c'est Goldbach, où Jünger a sa maison lacustre, Sipplingen et le bout de l'eau, les voitures bouchonnent près de la rive, on s'impatiente comme le soir tombe, tandis que les troupeaux de mâts poursuivent à la brune leur oscillant colloque. Ils ignorent comme de juste les rigoureuses décisions administratives les concernant, qui prévoient tout, même en cas de tempête le nombre autorisé d'éclairs.

L'ange cuirassé

La ville semble n'être qu'une lisière entre ses remparts en surplomb et la rive du lac, avant et après la cathédrale qui pousse du côté de l'eau une abside vert de dragon. Le bienheureux Henri Suso sanctifia la cité de sa présence et de son verbe ; on montre ses pénates, lui-même auréolé de feuilles mortes tient le haut d'une fontaine. Il est très droit, très rigide ; une plume à la main et le regard toisant, il s'apprête à exhorter ceux qui l'environnent, soit deux banques et le quotidien local. À l'autre bout de la place, un peu en retrait comme il sied à sa majesté, un Charles Quint restauré de frais attend le sermon de pied ferme, la barbe un peu levée, les doigts passés dans sa cuirasse comme dans un gilet, l'aigle du bouclier et la Toison d'or seules étincelantes à profusion. Les aigles sont partout, avec les lions et les brochets, c'est à peine si l'héraldique sauvage de l'ancien Saint Empire peut déchoir en enseignes et marques de fabrique tant ces pauvres déclinaisons commerciales conservent d'intimidation fulminante. La cathédrale est gothique, restaurée sous Weimar ; mais restaurer convient à peine, on a refait ce qui devait l'être sans transformer le temple en musée, du moins pas trop, la visite culturelle passe toujours en second après l'office divin. Les prémices des récoltes sont offertes devant l'autel, poires et pommes, noix et choux-fleurs, citrouilles, prunes et épis. De grands saints en petites statues coloriées veillent au chapiteau des colonnes, dont un saint Pierre inhabituel, imberbe et juvénile comme le nain ravi de Blanche-Neige. Un grand ange cuirassé enveloppé de ses ailes s'appuie sur son épée nue, il garde le monument aux morts de la Première Guerre dont un vitrail raconte le sacrifice. Il est assez remarquable que l'imagerie médiévale ait su se préserver jusque-là, du moins autant que le permettaient la froideur en tout et la convention statistique de la *vie moderne,* qui par avance en interdisent la représentation. Les morts de la Seconde Guerre n'ont pas droit à ces pauvres honneurs, on ne sait s'ils sont convenables, l'Histoire ici s'écrit en pointillé depuis Weimar et la réfection de la cathédrale. La « voix presque sienne » que l'on prête à l'Allemagne depuis sa défaite, si bien appliquée et bonne élève à égrener sans fin les bonnes raisons de sa mauvaise conscience, laissent tout subsister et pourrir dans le *non-dit.* Le sang sèche moins vite que l'encre et la salive, et l'*Europe,* pour couper court à tout et à jamais en annulant les tragédies avec le passé, c'est la même utopie depuis cinquante ans qui court de Berlin à Bruxelles. On s'imagine maintenant faire passer la chimère avec un habillage administratif qui lui donnerait le sens et surtout la réalité qu'elle n'a pas. Mais rien, nul référendum ni instruction communautaire, ne saurait nous épargner aucune conséquence de ce qui fut fait — et défait. *Nous en sommes là,* et nous y sommes toujours. Dans la chapelle aux morts d'Überlingen, de l'autre côté de l'ange, une femme pleure le visage couvert de ses mains.

Marrons d'Inde

Derrière la cathédrale une petite place où tombent les marrons d'Inde, autour du buste d'un poète bibliothécaire, bienfaiteur du peuple et chevalier des ordres du roi de Wurtemberg. Le monument s'adorne d'une exhortation aux promeneurs : *Seid immer frohen Muthes!*, soyez toujours en train!, qui passerait beaucoup mieux en latin ou en grec, et signée par exemple de Marc Aurèle. Le poète se prénomme François de Sales, mais son saint patron aura omis de lui transmettre la grâce d'écrire.

Il y a d'autres statues à Überlingen que les bustes de poètes moraux à favoris. En particulier deux récentes, qui montrent avec bonheur que la trahison des formes n'est pas une fatalité : un petit pêcheur sur la rive du lac, qui tient dans ses bras par la queue un poisson quasi de sa taille — on les trouve entre deux tonnelles à touristes camouflées de vigne rouge transparente; et puis, regardant vers l'intérieur, un autre petit garçon à genoux, celui-là de bronze, un oiseau posé sur la main. L'air de la ville a la vertu d'apprivoiser.

*

C'est à Überlingen que Jünger commença d'écrire *Sur les falaises de marbre,* en février 1939. L'endroit se prête comme nul autre à ce récit d'arrière-saison, où la civilisation de la Marina brille encore, et de quels feux splendides — mais c'est une étoile morte, et des forces s'accumulent qui bientôt remettront à l'heure du siècle cet îlot de perfection humaine, en le détruisant. «L'Ermitage aux buissons blancs» des deux frères moines-soldats contient tous les trésors de la poésie et de la connaissance ; ils l'incendient de loin en s'en allant, d'une flamme sans fumée, par un rayon capté dans un miroir de cristal de roche. Friedrich Georg, le frère Othon bien-aimé des *Falaises,* habitait Überlingen. Jünger évoque son bureau, tourné vers le midi et le lac, le jour de leurs retrouvailles après la guerre, à l'automne 1945 — sur la table, l'*Odyssée* ouverte au premier chant. Les deux frères montent le lendemain jusqu'à cette «cabane dans la vigne» à laquelle les temps confèrent soudain une dignité prophétique[1] et de là, à l'équarisserie déserte. «Nous y sommes entrés pour la première fois.» Tout est en place, comme dans le rêve des *Falaises* et comme dans l'Histoire : les crocs du boucher, la fosse aux déchets, les plaques de sang séché, et dans l'arrière-salle, l'empilement de crânes jusqu'au plafond. Les visiteurs redescendent, Jünger s'en ira bientôt : «Cette visite au bord du lac ne pouvait être que brève[2].» Non loin de la cathédrale,

1. *Et derelinquetur filia Sion ut umbraculum in vinea* (Isaïe, I, 8).
2. *La Cabane dans la vigne* (20-21 octobre 1945).

une maison se raconte encore aux passants : « Le feu m'a dévorée en 1914. J'ai été rebâtie en 1922 et depuis je demeure dans la main de Dieu. »

« Le frère au grand exemple »

Das Leben im Lichte, cette « vie dans la lumière » requise par la poésie, Friedrich Georg Jünger l'illustrait assez pour servir naturellement de modèle au second des chevaliers herboristes de *Sur les falaises de marbre,* celui que le narrateur appelle « le frère au grand exemple. » Ce grand exemple n'aura jamais manqué à Ernst Jünger, jusqu'à la mort de Friedrich Georg en 1977, une mort dont *Soixante-dix s'efface* ne dit à peu près rien. On ne fait pas des livres avec son malheur.

Ce dialogue ininterrompu entre deux frères, tous deux esprits pénétrants et écrivains subtils, chacun faisant de l'autre son interlocuteur idéal, tels qu'enfin le peintre A. Paul Weber les a représentés jouant aux échecs en 1935 ; un tel dialogue est peut-être unique dans toute l'histoire de la littérature.

Dans *Spiegel der Jahre,* « Miroir des années », Friedrich Georg évoque leurs longues promenades de l'entre-deux-guerres, durant lesquelles ils confrontaient leurs réflexions : le 11 novembre 1932, à Berlin, Ernst se perd dans ses pensées et poursuit un monologue inaudible, dont il sort tout à coup pour déclarer : « Il y aura une nouvelle marche en avant des peuples. — Vers où ? lui demande Friedrich Georg. — Vers la mort. »

*

L'essai de Friedrich Georg, *Die Perfektion der Technik*, qui devait tout d'abord s'intituler *Illusionen der Technik*, constitue en 1953 une réponse en forme de mise au point au *Travailleur* et à son optimisme volontariste. Là où Ernst pariait pour l'achèvement de la figure, un achèvement d'ordre métaphysique ou théologique qui saurait enfin domestiquer les forces titaniques mises en jeu et donner un sens aux conditions inédites d'un nouvel âge de l'humanité, Friedrich Georg, lui, observe que la technique n'a d'autre signification ni d'autre but qu'elle-même. Avant d'être pour l'homme une provocation héroïque, le moyen d'une possible épiphanie, elle est un leurre, un piège qui se referme sur soi. La technique est par essence totalitaire : rien ne peut ni ne doit exister en dehors d'elle, qui tient lieu de tout, et l'homme n'accède à la technique qu'autant qu'il a été transformé par elle. La principale des branches de la production industrielle est ainsi la production des besoins humains, et cette production suppose un postulat caché, tacitement admis par tous : la destruction de la terre.

*

Rien ne devait être plus sensible au poète essayiste comme à son frère, « fils de la terre » l'un et l'autre. Friedrich Georg saura ménager, au cœur même de la tourmente, un havre de paix naturelle et domestique que le jeune Nicolaus Sombart découvre avec émerveillement.

Cette «petite Arcadie» des bords du lac de Constance avait déjà inspiré la Marina des *Falaises de marbre.* «Ces lieux-là, écrit Sombart, sont les derniers refuges d'une existence digne d'un être humain.» L'hospitalité, l'amitié, la mémoire, la poésie, si elles sont partout ailleurs devenues de vains mots, ont ici leur maison entre les vergers et les vignes. Au cœur même de la guerre et de la tyrannie, Friedrich Georg et quelques autres ont maintenu ce havre de grâce et travaillé peut-être à la paix beaucoup plus que les politiques et les diplomates : le vin bourru et les noix, les cèpes et les châtaignes, et l'Ermitage aux buissons blancs où l'on recueille dans la joie de la pensée l'*Hortus Plantarium Mundi.*

— ... et les saint-pierre pêchés dans le lac...

Cinquante ans après, bien loin d'Überlingen, sur une autre colline face à la mer, la femme d'un philosophe se souvenait, étonnée que ce détail lui revînt par surprise. Pourtant c'est ainsi, par de telles images secourables, que pénètre en nous l'harmonie dont une œuvre, si elle mérite notre patience, doit être la médiatrice.

Pommes & poires

L'Allemagne commence par des champs de tournesols noircis, que l'on néglige de récolter. En Alsace, ils sont rentrés depuis longtemps.

— On dirait des sentinelles mortes...

Après Offenbourg, le pays de Bade aligne ses villages vignerons le long de la Kinzig, que l'on passe et repasse cinq ou six fois jusqu'à la Forêt-Noire. Hausach est jumelée avec Arbois, comme l'indique un marbre municipal; pour autant les crus que l'on traverse n'ont rien de mémorable. Quelques vaches paissent entre les scieries et les sècheries de bois. Bientôt la route se resserre, monte en lacet dans les sapins noirs. Le chemin de fer nous suit par intermittence. À Haslach, un train circule aux waggons taggés d'un bout à l'autre. Morne folie conservée dans ces mornes contreforts. À Schiltach, la colline est évidée comme un fruit par les pelleteuses qui bourdonnent et s'activent. « Car la partie qui est en nous brutale, privée de raison, violente & désordonnée, non divine, mais demonique, les anciens l'ont appelée, les Titans, & c'est ce qui est puny & dont la justice est faitte... » (Plutarque).

À Immendingen, la gare rouillée sur un talus ressemble à une église; une de celles que la révolution transformait en silo ou en poudrière. Un champ qui longe la route est gardé par un alignement d'épouvantails, qui nous tournent le dos, en instance de fusillade. Avant Hüfingen, ils cèdent heureusement la place à des éoliennes.

*

Les vergers de Souabe, comme ceux du pays de Bade, sont couverts de pommes. À Wilflingen, nous achetons au *Löwen* une provision de son *Obstler,* en attendant la récolte de cette année. La tenancière enveloppe nos bouteilles — de vraies de un litre — dans le journal local, tout en racontant le dernier passage du chancelier fédéral.

— Des voitures de police arrivent à l'avance, la rue est

bloquée ainsi que les accès du village. On se dit : C'est encore une visite pour M. Jünger ! On attend les motards ou l'hélicoptère.

La routine : une autre forme, vue de l'extérieur, du « ceremoniel ».

Sur le chemin de Langenenslingen alternent pommiers et poiriers. Nous nous livrons à un modeste pillage : mal nous en prend, pas un des fruits n'est comestible. Nous en bombardons les miradors de chasse en représailles.

*

Nous reviendrons en France dans le brouillard, en suivant cette Hafraba — pour Hambourg — Francfort — Bâle — qui porte un nom de sorcière de parodie wagnérienne (c'était l'épine dorsale autoroutière du Grand Reich) où nous manquons d'aller rejoindre le décor (mais nous ne le comprendrons qu'après coup, en essuyant la suée rétrospective de la traversée du lac de Constance). C'est le moment de déballer le schnaps du *Löwen*, enveloppé dans un article à la louange du jeune Hölderlin.

Un dîner d'espadon

Les grandes pluies qui nous accompagnaient depuis Strasbourg cessent après Riedlingen. Le soleil pointe entre les gouttes ; devant la Grande Foresterie les fleurs sont ruisselantes, même la reine de la nuit tord avec moins de superbe ses cheveux de sorcière au pied du perron. Un grand souci, qui pousse solitaire entre deux pavés, garde la porte du jardin.

Jünger le surveille jour après jour. Il parle de *calendula,* comme Linné; pourquoi celui-ci a-t-il poussé, et seul, à cet endroit? «*Spiritus flat ubi vult...*» Il repousse vers les paniers aux coquillages les cartes à jouer miniatures avec lesquelles il faisait une patience en nous attendant. Nous nous effaçons devant l'hôte d'honneur, à qui nous faisons escorte depuis Paris : un rejeton du cèdre du Liban que Chateaubriand a ramené de Terre sainte et planté de ses mains. Nous l'avons soustrait à la vigilance des jardiniers de la Vallée-aux-Loups... De la Vallée-aux-Loups à Wilflingen, «le village aux loups», peut-être ne sera-t-il pas trop dépaysé; si toutefois il s'acclimate aux rudesses du Jura souabe.

— Ici la mauvaise saison commence tôt. Dès la fin du mois d'août une ligne invisible est franchie...

La Vallée-aux-Loups nous ramène à Chateaubriand, puis à Léautaud, lequel y mourut. Jünger parle de ses lectures françaises du moment : Victor Hugo, il relit *Les Misérables* et lit avec passion *Choses vues.*

— Léautaud ne l'aimait pas beaucoup; je n'ai pas suivi son conseil de ne pas m'occuper de ses livres... Il y a aussi le dessinateur Hugo dont j'ai ici les œuvres, qui est prodigieux...

Les lavis de Guernesey nous font évoquer Horst Janssen, l'ami, le portraitiste et l'illustrateur du maître de céans, qui vient de mourir. Et puis un autre peintre, Jean Hugo, l'arrière-petit-fils à qui Jünger rendit visite dans sa retraite gardoise, parmi ses centaures et ses paons.

— Lui aussi est mort...

Jünger a cet étrange rire bref qui sonne comme une

apostrophe aux Nornes filandières. Les autres hommes, ceux que l'on a connus, étaient mortels…

Jünger se lève et nous précède dans son cabinet de travail. Salut en passant aux œuvres de Linné, à celles de Cuvier qui achèvent l'alignement. Les œuvres morales de Linné, sa *Nemesis divina* sont connues depuis longtemps en Allemagne ; Jünger s'étonne un peu qu'on les découvre seulement en France, et non sans grimace… Nous retrouvons la *Bounty* achetée à l'île Maurice, les Pères de l'Église sous les sabliers et le cobra chalcographié du Louvre, tous fidèles au poste et supportant vaillamment l'assaut des visiteurs. Sur la table un énorme dahlia rouge a remplacé les grands tournesols ou l'amaryllis écarlate des précédentes visites. Sur l'appui de la fenêtre, là où il reçoit la lumière, un volume est ouvert de son frère Friedrich Georg…

Nous redescendons à la suite de notre hôte, en remarquant de nouveaux talismans : telle mâchoire de requin dans l'antichambre, près du meuble aux insectes, une peau de serpent épinglée au-dessus de la fenêtre ; en bas, rançon de la renommée, une pile de cartons de livres à dédicacer déposés par la municipalité voisine…

*

Un tour de jardin pour revoir Caroline, introuvable dans la petite jungle aux tortues où Jünger fourrage en vain. Une antenne parabolique surmonte désormais l'enclos. Les ombelles géantes, elles, font toujours bonne garde. Jünger nous les montre en refermant.

Nous irons dîner à Mengen, de l'autre côté du jeune Danube, de filets d'espadon et de Suser, le vin nouveau, le bourru, que Jünger appelle en français de Goldoni « le bourru bienfaisant ». Le restaurant est italien, le service un peu nonchalant. Jünger trompe son attente en fumant des cigarettes anglaises. Il les tient exactement comme Erich von Stroheim dans *La Grande Illusion.* (À quel point nous avons le sens — la mémoire, l'imagination — perverti par le cinéma, pour que cette façon aristocratique, prussienne, militaire de fumer nous fasse aussitôt songer à un acteur, qui d'ailleurs n'était ni aristocrate, ni prussien, ni militaire, qui ne porta jamais que les uniformes et les décorations des costumiers d'Hollywood et ne connut de la guerre que les décors d'un film ? C'est ainsi pourtant, et l'on dira qu'Ernst Jünger, pour qui la guerre ne fut pas une « grande illusion » mais la plus précise des expériences vécues, fume comme Erich von Stroheim...)

*

Jünger, depuis toujours féru d'argot français, nous demande avec un sourire en dessous si nous savons ce que veut dire *cinq-et-quatre :*

— C'est une gifle en aller et retour, soit cinq doigts qui frappent du côté de la paume et quatre ensuite du côté du dos de la main.

C'est la langue de Vautrin. Jünger rappelle son goût d'écolier pour les romans policiers, entre autres les aventures de Sherlock Holmes :

— J'achetais ses fascicules à vingt pfennigs...

Pourtant il ne connaît pas Fantômas... Comme un volume de ses exploits nous accompagne, nous nous emploierons à présenter à notre hôte cet « empereur du crime» dont son ami Jean Marais a fixé au cinéma les traits insaisissables. De là quelques considérations sur les plantes dangereuses, sujet que Jünger, depuis *Approches, drogues et ivresse*, n'aborde plus guère volontiers en public. Trop de malentendus à dissiper au préalable, trop de risques de contresens.

— Et puis… ce n'est pas *ad usum delphini*.

Nous nous séparons sur des vers d'Annette, en offrant à Jünger les premiers marrons tombés à Strasbourg. À notre surprise, la bogue double laisse échapper trois fruits…

*

C'est à notre retour à Paris que nous apprendrons qu'un Français au moins est enterré au petit cimetière de Mengen : Jacques Doriot, tué non loin de là sous l'uniforme allemand. Jünger le sait-il ? Et qu'importe ? L'idée ne nous viendra jamais de le lui demander…

L'Allemagne romaine

Les Césars appelaient champs Décumates cette fraction d'empire intermittente entre Rhin, Danube et Neckar. On dévale enfin de la Forêt-Noire pour entrer dans le pays de Bade, et déjà ce nom de Bade est une invitation au thermalisme. On souffle un peu dans la vallée tout étroite et en pente, où Bad Peterstal aligne ses maisons de cure. La petite ville tient sur les deux côtés de la route, qui longe le ruisseau thermal. Les Romains, en sagaces fils de la terre, l'avaient déjà reconnu et capté. Il fallut attendre ensuite le XVIe siècle pour qu'un Allemand le redécouvre, Jacob Theodor von Bergzabern, alias Tabernæmontanus, les noms latins sont de bonne inspiration en la matière. On construisit un peu plus tard une gloriette dans le goût romain-goethéen, ronde, avec des bas-reliefs en camée et des roses et des verts pastel, ce que l'Allemagne en bonne élève de la civilisation a fait encore de mieux. Ce kiosque ouvert aux quatre vents est placé sous l'invocation de Sophie, prénom d'électrice ou de margravine, et sommé d'une amphore qu'enlace le serpent d'Esculape.

Cet animal préféré d'Hermès et de Jünger connaît les lieux propices ; Philon d'Alexandrie rapporte dans son *De confusione linguarum* (7-8) que les hommes d'autrefois désirant l'immortalité, « c'est-à-dire l'exemption de la vieillesse et la perpétuelle jeunesse », avaient envoyé une ambassade la réclamer à Zeus, arguant qu'une créature l'avait déjà obtenue : le serpent. « Il se dépouille en effet régulièrement de son grand âge et recommence une nouvelle jeunesse. » Par malheur les dieux n'ont jamais eu d'oreilles pour les réclamations. À compter de ce jour-là, les hommes en furent quittes pour ne plus se comprendre entre eux. La revendication à propos du serpent est une variante parlementaire de la tour de Babel. Les revendicateurs de Philon spécialisaient trop leur envie : l'aigle lui aussi jouit du privilège de rajeunir, c'est écrit dans le psaume CII, verset 5, *Renovabitur ut aquilæ juventus tua.* Zarathoustra connaissait bien son monde, et ses dieux, lui qui prenait le serpent et l'aigle comme compagnons de solitude.

*

Mais revenons plutôt au serpent thermal. Dans le pavillon à son effigie, des fontaines jaillissent à la commande ; des promeneurs viennent au pas de gymnastique s'acquitter de leurs obligations curatives en tirant de leur *Rücksack* un gobelet transparent télescopique qu'ils reconstituent et remplissent. L'eau est doucereusement salée ; on la recommande pour le foie, l'estomac et l'intestin. À cent pas en aval — de modestes pas de curiste —, une opulente *Conditorei,* avec un *C* latin, pousse au crime les entrailles délabrées. On y peut étouffer momentanément ses remords dans la forêt-noire version pâtissière, où la crème fouettée et les cerises tiennent leur rang, sans beaucoup plus. Une lampée de *Jägermeister* aide à repartir. Cette décoction locale d'herbes sauvages ne prétend pas aux suprêmes vertus de la chartreuse, même jaune, d'ailleurs elle est verte et d'une honnête modestie toute séculière. En face des gâteaux l'église sonne les vêpres : quelques dévotes s'y rejoignent d'une canne solide. Ces indestructibles anciennes petites filles nattées furent en leur temps les *Deutsche Mädel,* les « grandes nourrices » du Grand Reich à venir, devant lesquelles notre pauvre Alphonse de Châteaubriant se pâmait de douloureuse admiration. Elles auront survécu à tout et à tous, traversé la guerre, le déluge et la paix d'une âme égale, la natte en chignon et la canne ferrée lançant les mêmes étincelles. Elles sont impavides, sérieuses, allemandes. Elles sont en grès de la Forêt-Noire.

Tombeau d'un poète

— À côté de Berlioz...

Le gardien du cimetière Montmartre connaît par cœur tous ses illustres ; même si la tombe de Heine est moins souvent demandée que celle d'une chanteuse à la mode. Il est non loin de Berlioz, en effet, et de Greuze, en face d'Armand Marrast, « président de l'Assemblée national » (*sic*) du temps de la IIe République, quand la révolution ne s'embarrassait pas de grammaire.

Une rose fanée, du muguet encore ruisselant.

— Il n'y était pas ce matin. C'est vous qui l'avez apporté ? On a fait le ménage : c'était couvert de pièces et de cailloux... La tombe se fend, voyez, ça m'inquiète...

Il suffit de s'éloigner un peu, la vestale funéraire n'insiste pas, elle a d'autres habitués qui l'attendent.

« Heinrich Heine, 1797-1856. » Son buste perché en marbre blanc, les garnitures Jugendstil, le sablier, le papillon, et les vers de l'exil en épitaphe :

Wo wird einst der Wandermüden
Letzte Ruhestätte sein ?
Unter Palmen in dem Süden ?
Unter Linden an dem Rhein ?

Un érable pseudo-platane parisien municipal tient lieu près de sa tombe des palmiers du Sud et des tilleuls du Rhin.

*

En 1943, la maison Stock édita en deux volumes de chacun cinq cents pages une anthologie bilingue de la poésie allemande. Les temps avaient fait adjoindre à l'anthologiste un *Herr Doktor* superviseur, on avait retenu pour le XXe siècle quelques « poètes militants » somme toute bien véniels, c'était faire la part des contingences. Robert Brasillach écrivit dans *Comœdia* un bel éloge de ce « trésor d'un peuple » enfin réuni pour être offert à ses voisins. Ne manquait à l'appel pas un des plus obscurs *Minnesänger*, ni le plus petit romantique ; il ne manquait que Heine. Le régime hitlérien avait décidé que celui qui avait donné à Nietzsche « la plus haute idée du poète lyrique » n'existait pas, davantage : n'avait jamais existé. Nuit et brouillard sur la poésie allemande.

Il s'est donc trouvé un poète, et un poète français, pour prêter la main à cette entreprise. Peu importent les opinions que Brasillach a défendues par ailleurs : il a payé, et plus cher que beaucoup d'autres qui en avaient dit ou fait davantage. S'il s'est un jour déshonoré, s'il a commis peut-être le mystérieux péché contre l'esprit, c'est quand il n'a rien dit, lui poète, quand on a voulu faire de la poésie allemande une opération de propagande, quand on a publié ces mille pages à seule fin qu'un poète n'y fût pas.

*

Des gardiens à pétrolette parcourent les allées en cornant. (« Toi, tu vas par ici ; moi, je fais Dalida ») ; on ferme ; la pluie s'est remise à tomber. Il faut presser le pas, et l'on croise à l'improviste *Arrigo Beyle, Milanese* ; à la porte du cimetière, deux anciennes combattantes allemandes du féminisme cherchent en vain sur le plan la tombe de Simone de Beauvoir. On les renvoie toutes déçues à Montparnasse ; on leur parle de Heine, tout de même, mais elles ne relèvent pas. Il est dit qu'il n'aura pas de chance avec les intellectuels…

Tortues de miséricorde

Les routes des collines sont bordées de « dépôts d'incendie ». On se dit qu'on n'y pourrait déposer que des incendies fort menus, les dépôts ayant à peu près la taille d'une cabane de jardinier. N'importe : tout est prévu, et ramené à ses plus justes proportions. L'Alsace ou le pays bien tempéré.

Il faut courir ces premières collines du Sundgau, au-delà d'Habsheim, y retrouver ces visions de campagne idéale aux chemins encaissés entre des vergers bien tenus, à la garde des vaches blanches et noires couchées à l'ombre des pommiers. Viennent ensuite des vergers à l'abandon, des vignes qui se mêlent aux broussailles :

« … La vigne, elle court dans la forêt… »

Cette forêt-là n'est guère le recours de l'homme ; elle lui reprend plutôt ce qu'il ne sait plus tenir — peut-être son rang de jardinier. Les abandons sont des abdications.

*

À Zillisheim, l'auberge du *Canon* dans sa clairière illuminée est la maison de l'ogre, un tracteur est même prévu pour les académiciens qui ne voient pas les fossés. Maison de l'ogre donc, mais dont l'ogre est passé au saloir, et c'est la fête pour ses hôtes. On n'a conservé de lui que son régime, et l'on vous sert en amuse-gueule une assiette de champignons des bois, qui assouvirait l'appétit le plus cosaque.

Les fenêtres sont ouvertes sur des fougères et les sous-bois éclairés où vont et viennent sentencieusement les oies de la maison. Pas un bruit, à peine un souffle de vent.

— On se croirait dans la salle à manger de Heidegger...

*

Longtemps après nous irons marcher dans ce « paysage choisi », saluer le paon splendide et ivre de dédain dont le jabot bleu de cobalt — pourquoi ne dit-on pas bleu de paon ? — tourne au vert doré en s'approchant du ventre, qui balaie de sa queue sans les voir un coq mortifié et sa poulette — lequel existe aussi peu qu'un ancien président du Conseil devant une grande invasion ; saluer aussi les deux canards mandarins si finement coloriés, presque trop, que l'on dirait échappés d'un paravent ; marcher enfin le long d'une claire fontaine, en songeant à Paris, aux tortues aquavomes des jardins de l'Observatoire, qui les soirs de canicule gardent au frais les cinq parties du monde, les chevaux de Neptune et même les pieds des promeneurs...

DU MÊME AUTEUR

Chez d'autres éditeurs

ENTRETIENS AVEC GUSTAVE THIBON, La Place Royale, 1998 ; Éditions du Rocher, 2001.

LECTURES AU SERPENT DE MER, Guivre, 1989.

CHARLES DE GAULLE AU JOUR LE JOUR, avec Olivier Germain-Thomas, Nathan, 1990 ; F.-X. de Guibert, 2000.

L'ÉTRANGLEUR DE PERROQUETS, Critérion, 1991.

SAINT BERNARD (prix Combourg), Pygmalion, 1998.

ÉLOGE DE LA FRANCE, F.-X. de Guibert, 2003.

DOMINIQUE DE ROUX, Pardès, 2007.

BARALIPTONS (Prix de l'essai de l'Académie française), Éditions du Rocher, 2007.

L'OLIFANT, Éditions du Rocher, 2008.

(Dir.) DOSSIER H ERNST JÜNGER, Éditions L'Âge d'Homme, 2000.

Le sentiment géographique

Tout n'a pas été dit, les guides touristiques n'étant pas conçus pour révéler le plus secret d'une ville ou d'un pays. Le secret, c'est ce qu'un écrivain retrace et tente d'apprivoiser hors de chez lui, dans une rue lointaine, devant un monument célèbre ou le visage d'un passant. Ainsi recompose-t-il, en vagabond attentif, un monde à la première personne. Donc jamais vu.

Dans la même collection

Élodie Bernard, *Le vol du paon mène à Lhassa*
Jean-Marie Laclavetine, *La martre et le léopard, Carnets d'un voyage en Croatie*

Composition Entrelignes (64).
Achevé d'imprimer
sur Roto-Page
par l'Imprimerie Floch
à Mayenne, le 7 avril 2010.
Dépôt légal : avril 2010.
Numéro d'imprimeur : 76435.

ISBN 978-2-07-012920-1 / Imprimé en France.

174602